Gabriele Pisarz-Ramirez und Steffen Wöll
Periphere Räume in der Amerikanistik

Dialektik des Globalen. Kernbegriffe

Herausgegeben vom Sonderforschungsbereich 1199 „Verräumlichungsprozesse unter Globalisierungs-bedingungen" der Universität Leipzig, dem Leibniz-Institut für Geschichte und Kultur des östlichen Europa und dem Leibniz-Institut für Länderkunde

Band 3

Gabriele Pisarz-Ramirez und Steffen Wöll

Periphere Räume in der Amerikanistik

—

DE GRUYTER
OLDENBOURG

Gefördert von der Deutschen Forschungsgemeinschaft

ISBN 978-3-11-064116-5
e-ISBN (PDF) 978-3-11-065547-6
e-ISBN (EPUB) 978-3-11-065181-2

Bibliografische Information der Deutschen Nationalbibliothek
Die Deutsche Nationalbibliothek verzeichnet diese Publikation in der Deutschen Nationalbibliografie; detaillierte bibliografische Daten sind im Internet über http://dnb.dnb.de abrufbar.

Inhalt

1 Einleitung

Dieser Band beschäftigt sich mit dem Begriff der Peripherie als kulturwissenschaftlichem Konzept sowie mit den diskursiven und narrativen Dimensionen peripherer Räume. Spätestens seit dem *spatial turn* ist der Konstruktionscharakter von Räumen evident, was auch und insbesondere die Raumvorstellungen von Zentrum und Peripherie betrifft. Als periphere Räume betrachtet man in der Kulturgeographie und den Kulturwissenschaften Räume, die von den Zentren nur bedingt kontrolliert und gesteuert werden können und in denen sich folglich Prozesse der Auflösung z. B. kultureller und normativer Setzungen, der Mischung und Hybridisierung sowie der Entstehung von alternativen Formen kollektiver Identität abspielen können. Gleichzeitig sind periphere Räume Orte der Abgrenzung und Exklusion gegenüber anderen Systemen, aber auch der Berührung mit diesen.

Wie in der Geographie werden in den Kulturwissenschaften Räume als Ergebnis kultureller Produktions- und sozialer Aneignungsprozesse verstanden, die eng mit gesellschaftlichen Machtverhältnissen verschränkt sind. Sie werden als im Handeln erzeugte Räume (Raumpraktiken) oder als medial erzeugte, imaginierte Räume begriffen und auf Repräsentationsstrategien, Wahrnehmungen und Instrumentalisierungen hin untersucht. Raumordnungsprozesse sind damit wesentlich in kulturellen Vorstellungen verortete Prozesse, an deren Konstruktion fiktionale Medien einen maßgeblichen Anteil haben.[1] Unser Interesse gilt im Folgenden konkreten räumlichen Peripherien auf dem amerikanischen Kontinent. Als Amerikanisten mit dem Schwerpunkt Nordamerika betrachten wir die Ausprägung kultureller Raumordnungsprozesse als zentrales Moment der US-amerikanischen Kulturgeschichte. Brian Jarvis spricht in diesem Zusammenhang von einer „textualisierten Räumlichkeit" (textualized spatiality) in der geographischen Imagination der amerikanischen Kultur und verweist auf die Schlüsselrolle geographischer Konzepte wie Frontier, wilderness, Wild West, small town, open road etc. in der Konstruktion nationaler Identität.[2] Die vorliegende Untersuchung zeigt am Beispiel der USA die Zentralität von Vorstellungen über Peri-

---

1 B. Neumann, „Imaginative Geographien in kolonialer und postkolonialer Literatur: Raumkonzepte der (Post-) Kolonialismusforschung", in: W. Hallet und B. Neumann (Hg.), *Raum und Bewegung in der Literatur: Die Literaturwissenschaften und der Spatial Turn*, Bielefeld: Transcript, 2009, hier S. 116; R. Stockhammer (Hg.), *TopoGraphien der Moderne. Medien zur Repräsentation und Konstruktion von Räumen*, Paderborn: Fink, 2005.
2 B. Jarvis, *Postmodern Cartographies: The Geographical Imagination in Contemporary American Culture*, New York: St. Martin's Press, 1998, S. 7.

https://doi.org/10.1515/9783110655476-001

pherien oder periphere Räume für kollektive Selbstbestimmungsprozesse. Sie wirken prägend auf die Imagination des Nationalen Selbst und stehen so für die Legitimation spezifischer politischer und kulturhistorischer Projekte zur Verfügung.

Im Folgenden wird zunächst einführend das Begriffspaar Zentrum/Peripherie aus verschiedenen disziplinären Perspektiven mit besonderem Schwerpunkt auf die Kultur- und Literaturwissenschaften dargestellt. Im Anschluss richten wir den Blick auf periphere Räume in den Amerikas und insbesondere auf die USA. Anhand zentraler Raummetaphern wie Frontier und Borderlands beleuchten wir zudem die kulturelle Produktivität peripherer Räume an den Grenzen von Kulturräumen mit territorialem Charakter.

2 Zum Begriff der Peripherie/ des peripheren Raums

Der Begriff der Peripherie ist grundsätzlich als relational zu verstehen, das heißt periphere Räume werden als solche immer in Bezug auf ein Zentrum oder einen zentralen Orientierungspunkt definiert, wobei man von einer (unterschiedlich definierten) Asymmetrie zwischen Zentrum und Peripherie ausgeht. Zentrum und Peripherie bezeichnen sowohl räumliche Lagebeziehungen als auch relationale Verhältnisse in sozialen, kulturellen oder ökonomischen Kontexten. Das Konzept der Peripherie spielt in verschiedenen Disziplinen eine Rolle und wird mit unterschiedlichen Schwerpunktsetzungen verwendet: International durchgesetzt hat sich in der Geographie die Unterscheidung von Zentrum und Peripherie im Zuge der Rezeption der funktionalistisch ausgerichteten Theorie der „Zentralen Orte", die 1933 von Walter Christaller (1893–1969) veröffentlicht wurde. Dabei unterschied er aufgrund von quantifizierbaren, vor allem an Reichweiten orientierten Kriterien zwischen „zentralen Orten" und den sie umgebenden „Ergänzungsgebieten". Erstere beziehen ihren „Bedeutungsüberschuss" gegenüber ihren Ergänzungsgebieten aus der höheren Anzahl an Dienstleistungen, die ihnen zur Verfügung stehen.[1] Ein weiteres explizites „core-periphery"-Modell stammt aus den Wirtschaftswissenschaften und wurde von John Friedmann in den 1960er Jahren entwickelt. Friedmann sah die Relation zwischen Zentrum und Peripherie als eine von vier Stufen in der historischen Entwicklung des heutigen globalen Wirtschaftssystems.[2] In der Geographie wird der Begriff der Peripherie heute für Räume verwendet, welche sich am Rand oder weiter entfernt von zentralen Agglomerationsräumen befinden. Neben geographischer Distanz werden dabei häufig auch schwache Infrastruktur, ökonomische Marginalität sowie demografische und damit politische Bedeutungslosigkeit verbunden.[3] Paul Krugmans Ansatz aus der Neuen Ökonomischen Geographie inkludiert variable Faktoren wie geänderte Produktionsfunktionen, Transportkosten und Marktstrukturen in die

---

1 W. Christaller, *Die Zentralen Orte in Süddeutschland: Eine ökonomisch-geographische Untersuchung über die Gesetzmäßigkeit der Verbreitung und Entwicklung der Siedlungen mit städtischen Funktionen*, Darmstadt: Wissenschaftliche Buchgesellschaft, 1968, hier S. 28–29.
2 W. Leimgruber, „Marginality", in: H.K. Anheier und M. Juergensmeyer (Hg.), *Encyclopedia of Global Studies*, vol. 3, Thousand Oaks: Sage, 2012, S. 1111–14, hier S. 1111–12.
3 T. Lang, „Peripherie/Peripherisierung", in: Akademie für Raumforschung und Landesplanung (Hg.), *Handwörterbuch der Stadt- und Raumentwicklung*, Hannover (im Erscheinen); H. Birk, „Zentrum und Peripherie", in: A. Nünning (Hg.) *Metzler Lexikon Literatur- und Kulturtheorie*, Stuttgart: J.B. Metzler, 2008, S. 785.

https://doi.org/10.1515/9783110655476-002

Bestimmung des Verhältnisses von Zentrum und Peripherie und ermöglicht damit differenziertere Analysen.[4] Alain Raynaud definierte 1981 in *Société, Espace et Justice* Zentrum und Peripherie als relative und dynamische Konzepte, die sich abhängig von unterschiedlichen räumlichen Maßstäben ändern. So hat ein Ort regelmäßig sowohl Zentrum als auch Peripherie; der Ort selbst kann aber sowohl Zentrum als auch Peripherie auf einer größeren oder kleineren räumlichen Skala sein.

In der Soziologie wurde das Zentrum-Peripherie-Modell zuerst von Edward Shils verwendet, der damit das Funktionieren zentraler Wertesysteme innerhalb von Gesellschaften beschrieb. Nach Shils fungiert das Zentrum nicht hierarchisch, sondern als „Mitte" der Gesellschaft, die – getragen von Eliten – zentrale Werte und Symbole vermittelt sowie Handlungsmöglichkeiten vorgibt und steuert. Je weiter die Peripherien vom Zentrum entfernt sind, so Shils, umso geringer ausgeprägt sind auch Autorität und Einfluss des Zentrums im Hinblick auf diese Steuerungsmechanismen.[5]

Das „Zentrum-Peripherie-Modell" spielt zudem eine entscheidende Rolle in Immanuel Wallersteins ebenfalls stark von ökonomischen Perspektiven geprägten World System Theory. Darin bestimmt der amerikanische Sozialwissenschaftler das Verhältnis zwischen Zentrum und Peripherie nach dem Grad ökonomischer Kontrolle, wobei die kapitalistischen Zentren (Zentralstaaten) in Beziehung zu halbperipheren und peripheren Weltregionen gesetzt werden. Während die Zentralstaaten sich durch eine überwiegend kapitalintensive Produktion sowie durch das Vorhandensein einer starken Staatsmaschinerie in Verbindung mit einer Nationalkultur auszeichnen, sind die Peripheriegebiete durch schwache, dysfunktionale oder nicht vorhandene Staatsgemeinschaften (z.B. Kolonialgebiete) sowie eine kapitalschwache, arbeitsintensive Produktionsweise gekennzeichnet. Semiperipherien, welche Merkmale beider Kategorien aufweisen, wirken hierbei als „Mittelgebiete"[6] oder Pufferzonen zwischen Zentralstaat und Peripherie und leiten als solche politischen Druck aus den Peripherien auf den Zentralstaat ab.[7] Staaten wie die USA oder Deutschland, die zunächst zur Semiperipherie gehörten, stiegen im Verlauf des 19. Jahrhunderts zu

---

4 P.R. Krugman, *Geography and Trade*, Cambridge: MIT Press, 1991.
5 E. Shils, *Center and Periphery: Essays in Macrosociology*, Chicago: University of Chicago Press, 1975.
6 I. Wallerstein, *Das moderne Weltsystem: Die Anfänge der kapitalistischen Landwirtschaft und die europäische Weltökonomie im 16. Jahrhundert*, Frankfurt am Main: Syndikat, 1986, hier S. 520.
7 I. Wallerstein, *Das moderne Weltsystem*.

Zentrumstaaten auf, die USA wurden nach dem Ersten Weltkrieg gar zum hege-monialen Zentrum des Welt-Systems.[8]

Aus historischer Perspektive unterscheidet Osterhammel[9] zwischen drei grundlegenden Manifestationsformen von Grenzen, die jeweils die Grenze zwi-schen Innen und Außen sowie zwischen Eigenem und Anderem markiert.[10] Ers-tens die sogenannte „imperiale Barbarengrenze", welche den Beginn des Bar-barentums an der Peripherie der antiken Imperien markierte. Zweitens der „nationalstaatlichen Territoriengrenze" als Demarkationslinie zwischen zwei ähnlich organisierten politischen Gebilden und schließlich der „Erschließungs-grenze" an den beweglichen Rändern europäischer Siedlungsgebiete als Teil des neuzeitlichen Kolonialismus. Historisch steht der Begriff der Peripherie natürlich in sehr engem Zusammenhang zum Begriff der Grenze: „Klassische" periphere Regionen sind häufig ebenfalls Grenzregionen.[11] Nicht jede Peripherie ist aber auch gleichzeitig Grenze im engeren Sinn, wie etwa Stadtränder oder inner-staatliche Peripherien. Zudem kann man manche Grenzen auch als Berüh-rungspunkte zwischen peripheren Gebieten betrachten, welche sich wiederum im Gravitationsfeld eigener Zentren befinden.

In der Kulturtheorie hat sich vor allem Jurij Lotmans Modell der Semiosphäre als einflussreich erwiesen. Der estnische Semiotiker bezog bereits mehrere Jahr-zehnte vor dem *spatial turn* raumtheoretische Überlegungen in die Analyse kul-tureller Räume ein.[12] Lotmans Konzept der Semiosphäre beschreibt die Gesamt-heit aller Zeichenbenutzer, Texte und Codes einer Kultur, d.h. den gesamten semiotischen Raum.[13] Diese Sphäre ist nach außen hin durch eine unsichtbare

---

8 E. Heinze, *Einführung in die Welt-System Analyse von Immanuel Wallerstein*, Universität Bremen, Studiengang Soziologie, https://neuesoziologie.files.wordpress.com/2011/01/einfc3bchrung-in-die-welt-system-analyse-von-immanuel-wallerstein.pdf

9 J. Osterhammel, „Kulturelle Grenzen in der Expansion Europas", in: J. Osterhammel (Hg.), *Geschichtswissenschaft jenseits des Nationalstaats: Studien zu Beziehungsgeschichte und Zivili-sationsvergleich*, Göttingen: Vandenhoeck & Ruprecht, 2001, S. 203–239, hier S. 209–16.

10 M.C. Frank, „Grenze/Grenzziehung", in: A. Nünning (Hg.), *Metzlers Lexikon Literatur- und Kulturtheorie*, Stuttgart: Metzler, 2008, S. 266–67, hier S. 266.

11 M. Heintel, „Zentrum, Peripherie und Grenze. Alte und neue Herausforderungen in der eu-ropäischen Raumplanungspolitik", Onlinequelle: www.demokratiezentrum.org / Printquelle: SWS-Rundschau 3/1999, S. 257–265.

12 M.C. Frank, „Sphären, Grenzen und Kontaktzonen: Jurij Lotmans räumliche Kultursemiotik am Beispiel von Rudyard Kiplings *Plain Tales from the Hills*", in: S.K. Frank, C. Ruhe und A. Schmitz (Hg.), *Explosion und Peripherie: Jurij Lotmans Semiotik der kulturellen Dynamik revisited*, Bielefeld: Transcript, 2012, S. 217–46, hier S. 217.

13 I. Endres, Irma. „Jurij Lotman: Semiosphäre", in: D. Treichel, C.-H. Mayer (Hg.), *Lehrbuch Kultur. Lehr- und Lernmaterialien zur Vermittlung kultureller Kompetenzen*, Münster: Waxmann, 2011, S. 190–93, hier S. 191.

semiotische Grenze abgeschottet, welche „das Wesen der Semiosphäre bestimmt" und deren Funktion im „Trennen des Eigenen vom Fremden" sowie der „Beschränkung des Eindringens"[14] liegt. Im Vorwort zu *Folie et déraison* bezeichnete Michel Foucault kulturelle Grenzziehungen als „Gründungsakte",[15] welche einer Kultur räumliche Kontur und Konkretheit verleihen.[16] Entsprechend konstatiert Edward Said: „[The] universal practice of designating in one's mind a familiar space which is ‚ours' and an unfamiliar space beyond ‚ours' which is ‚theirs'".[17] Ähnlich argumentiert auch Osterhammel, der Grenzen als „Distanzierungszonen zwischen Imperien und ihren Umwelten" versteht.[18] Die Funktion von Grenzen als Stabilisatoren der eigenen Kultur wird durch die Imagination von Übertretungen – und deren Folgen – gewährleistet.[19] Lotman beschreibt diese Grenze als „eine Summe von zweisprachigen Übersetzer-‚Filtern'", bei deren Passieren „der Text in eine andere Sprache [...] übersetzt wird, die sich außerhalb der gegebenen Semiosphäre befindet".[20] Das Semiosphären-Modell beinhaltet damit eine teils durchlässige Außengrenze („Membran"), die Kontakte zwischen Innen- und Außenwelt ermöglicht und Raum schafft für Grenzgänger-Figuren, die „zu beiden Welten gehören und gleichsam Übersetzer sind".[21] Darüber hinaus wird die Semiosphäre „von inneren Grenzen durchschnitten" die „ihre Bereiche in semiotischer Hinsicht spezialisieren".[22]

Ein wichtiger Aspekt von Lotmans Semiosphären-Modell ist die abnehmende Macht kultureller Setzungen an der Peripherie. Der semiotische Raum ist danach „durch das Vorhandensein von (meist mehreren) Kernstrukturen mit einer expliziten Organisation und durch eine zur Peripherie hin zunehmend amorpher werdende semiotische Welt" gekennzeichnet.[23] In Fällen, in denen ein Kulturraum territorialen Charakter hat, sinkt mit der Entfernung zum Zentrum der Einfluss der institutionellen Macht und Deutungshoheit dieses Zentrums an der jeweiligen Peripherie.[24] An der Peripherie lösen sich die kulturellen Ordnungs-

---

14 J.M. Lotman, „Über die Semiosphäre", *Target: International Journal of Translation Studies* 12 (1990) 4, S. 287–305, hier S. 292.

15 M. Foucault, *Histoire de la folie à l'âge classique: Folie et déraison*, Paris: Plon, 1961, S. 10.

16 Frank, „Sphären", S. 223.

17 E. Said, *Orientalism*, London: Penguin, 1995 [1978], S. 54, zit. in Frank, „Sphären".

18 Osterhammel, „Kulturelle Grenzen", S. 211.

19 J. Dünne und A. Mahler, „Glossar", J. Dünne und A. Mahler (Hg.), *Handbuch Literatur und Raum*, Berlin: De Gruyter, 2015, S. 515–27, hier S. 518.

20 Lotman, „Über die Semiosphäre", S. 290.

21 Lotman, „Über die Semiosphäre", S. 292.

22 Ibid., S. 296.

23 Ibid., 295.

24 Frank, „Sphären", S. 227.

muster der Semiosphäre mitsamt ihrer kulturellen Kodierungen auf, nicht zuletzt durch die Nähe des Fremden bzw. fremder Einflüsse.[25] Lotmans Modell schließt mithin kulturelle Unordnung ein und macht diese sogar zur Voraussetzung für kulturelle Entwicklung.[26] Die damit bei Lotman angelegte Durchlässigkeit von Grenzen sowie die an den Peripherien abnehmende Macht normativer Setzungen und kulturelle Produktivität von Peripherien werden im Folgenden durch verschiedene kulturtheoretische Ansätze beleuchtet, wobei Grenzen häufig nicht als Grenzlinien, sondern Grenzzonen verstanden werden.

Der Anthropologe Victor Turner hat mit dem Konzept der Liminalität ein Beschreibungsinstrument eingeführt, das mittlerweile zu einem Schlüsselkonzept der Kulturwissenschaften avanciert ist.[27] Ursprünglich in Bezug auf die Grenzüberschreitung bei Initiationsritualen gebraucht, beschreibt Liminalität den Grenzraum zwischen prärituellem und postrituellem Zustand als Freiraum der Lösung von zentralen Werten und Normen. Kunst, Literatur und kulturelle Praktiken die im liminalen Raum der Peripherie entstehen, haben Turner zufolge eine besonders subversive und erneuernde Kraft gegenüber einem als statisch markierten Zentrum.[28] Diese Aufwertung peripherer Räume gegenüber dem Zentrum setzt sich in neueren Ansätzen fort, welche die begriffliche Dichotomie von Zentrum und Peripherie dekonstruieren und die Phänomene der Grenze, der Marginalität und der Grenzüberschreitung stärker in den Vordergrund rücken. Innerhalb der Postkolonialen Studien wurde erstmalig explizit die produktive Kraft von peripheren Räumen hervorgehoben. Insbesondere räumliche Grenzen zwischen Nationen, kulturellen oder ethnischen Gruppen erlangten sowohl als Zwischen- als auch als Begegnungsräume Aufmerksamkeit. Die Theoretikerin Mary Louise Pratt stellte in *Imperial Eyes* (1992) aus postkolonialer Perspektive den Binarismus von imperialem Zentrum und kolonialer Peripherie durch das

---

25 A. Koschorke, „Zur Funktionsweise kultureller Peripherien", in: S.K. Frank, C. Ruhe und A. Schmitz (Hg.), *Explosion und Peripherie: Jurij Lotmans Semiotik der kulturellen Dynamik revisited*, Bielefeld: Transcript, 2012, S. 27–40, hier S. 30.
26 A. Werberger, „Die Grenzen von Lotmans Semiosphäre. Grenzerzählungen in der „Westukraine"", in: S.K. Frank, C. Ruhe und A. Schmitz (Hg.), *Explosion und Peripherie: Jurij Lotmans Semiotik der kulturellen Dynamik revisited*, Bielefeld: Transcript, 2012, S. 269–287, hier S. 278.
27 R. Dietrich, „Postmoderne Grenzräume du Endräume in der Gegewartslyrik: Bewegungen ins Dazwischen und ins Nichts in Frank Bidars *The War of Vaslav Nijinsky*", in: W. Hallet und B. Neumann (Hg.), *Raum und Bewegung in der Literatur. Die Literaturwissenschaften und der Spatial Turn*, Bielefeld: Transcript, 2009, S. 355–70, hier S. 356.
28 Ibid.; V. Turner, „Liminal to Liminoid in Play, Flow, and Ritual: An Essay in Comparative Symbology", in: V. Turner, *From Ritual to Theatre: The Human Seriousness of Play*, New York: Performing Arts Journal Publications,1982, S. 20–60, hier S. 25 f.

Konzept der „Kontaktzone" in Frage, das sie zur Beschreibung des Zusammentreffens an der Besiedlungsgrenze verwendete:

> the space of colonial encounters, the space in which peoples geographically and historically separated come into contact with each other and establish ongoing relations, usually involving conditions of coercion, radical inequality, and intractable conflict. [...] „Contact zone" in my discussion is often synonymous with „colonial frontier".[29]

Zudem beobachtet Pratt in peripheren Kontaktzonen Prozesse sogenannter Transkulturation, d.h. der konfliktiven Aushandlung und Vermischung von Kulturen: „disparate cultures meet, clash, and grapple with each other, often in highly asymmetrical relations of domination and subordination".[30] Auch Homi Bhabha beschreibt Peripherien als produktive hybride Räume, welche die Dominanz des Zentrums in Frage stellen. Bhabha (und später Edward Soja) bezeichnen periphere Räume in Anlehnung an Frederic Jameson als Dritte Räume oder „Thirdspaces". Dies sind Räume, die Kritik an der eurozentrischen geopolitischen und sozialen Ordnung vom Standpunkt eines marginalisierten Raumes ausüben, der sich in der Interaktion zwischen Kolonisator und Kolonisiertem öffnet.[31] Bei Bhabha wird der Begriff des Thirdspace häufig auch synonym für die Konzepte von Hybridität und kultureller Übersetzung oder Verhandlung verwendet, wobei es weniger um einen konkreten Raum, sondern vielmehr um eine räumlich semantisierte Denkfigur geht.[32] Insbesondere Bhabhas Hybriditätsbegriff ist jedoch auch für seine Idealisierung der Möglichkeiten der Peripherie kritisiert worden: Im Bestehen auf der dezentrierten Perspektive der Peripherie bleibe unberücksichtigt, „dass die Veränderungen, die mit der zunehmenden Akzeptanz einer Theorie wie eines Theoretikers einhergehen, auch Auswirkungen auf die eingenommene Perspektive haben".[33] Die kulturelle Produktivität peripherer Räume ist darüber hinaus insbesondere in den Border Studies (mit Konzepten wie Walter Mignolos „border gnosis" oder Gloria Anzaldúas Konzept der *borderlands*) thematisiert worden, worauf in Kapitel 6 detaillierter eingegangen wird.

---

29 M.L. Pratt, *Imperial Eyes: Travel Writing and Transculturation*, New York: Routledge, 1992, S. 6.
30 Ibid., S. 4.
31 M. Austen *Dritte Räume als Gesellschaftsmodell: Eine epistemologische Untersuchung des Thirdspace*. München: Institut für Ethnologie, 2014, S. 15.
32 K. Struve, „Third Space", D. Göttsche, A. Dunker und G. Dürbeck (Hg.), *Handbuch Postkolonialismus und Literatur*, Stuttgart: Metzler, 2017, S. 226–29, hier S. 226.
33 S.K. Frank, C. Ruhe und A. Schmitz, „Vorwort", in: S.K. Frank, C. Ruhe und A. Schmitz (Hg.), *Explosion und Peripherie: Jurij Lotmans Semiotik der kulturellen Dynamik revisited*, Bielefeld: Transcript, 2012, S. 7–24, hier S. 22.

3 Periphere Räume in den Amerikas

Die Frage, wo die Peripherien Amerikas liegen, was also raumperspektivisch zu den Amerikas gehört und wo die inneren Begrenzungen des Kontinents zu finden sind, lässt sich je nach Sichtweise höchst unterschiedlich beantworten, wobei der Konstruktionscharakter von Raumordnungen deutlich zu Tage tritt. So wird der amerikanische Kontinent zumeist als aus zwei Subkontinenten bestehend wahrgenommen. Dabei wurde geographisch im 19. Jahrhundert zwischen Nord- und Südamerika unterschieden, während sich im 20. Jahrhundert die Unterscheidung zwischen Nordamerika und Lateinamerika durchsetzte. Die ältere „geographische" Raumordnung orientiert sich an Fakten der globalen Lage. Aufgrund des gestiegenen geopolitischen Interesses schiebt sich in der Geographie seit um 1900 verstärkt der Begriff „Mittelamerika" dazwischen. Darauf satteln dann die kulturell bestimmten Raumordnungen auf, die kulturgeographische Bezeichnungen wie z. B. „Lateinamerika" oder „Karibik" seit den 1960er Jahren prominent (gegen die alten Lage-Bezeichnungen) machen.

Aus historischer Perspektive stellt sich die Besiedlung des amerikanischen Kontinents als über 350 Jahre andauernde Bestrebung verschiedener europäischer Mächte dar, die Räume und indigenen Bevölkerungen des Doppelkontinents unter ihre Kontrolle zu bringen. Beginnend mit der Ankunft von Christopher Kolumbus in der Karibik und bis zur Mitte des 18. Jahrhunderts gefolgt von der konkurrierenden Inbesitznahme erheblicher Teile der Amerikas durch Spanien, Portugal, Großbritannien, Frankreich, die Niederlande, Russland und Dänemark, führten die politischen und militärischen Entwicklungen ab dem Siebenjährigen Krieg bzw. dem *French and Indian War* (1756–63) bis zur Mitte des 19. Jahrhunderts zu fluktuierenden Grenzverläufen. Dabei reflektierten kartographisch markierte Grenzen kaum die tatsächliche Hegemonie über die beanspruchten Gebiete.[1] Während die kolonialen Zentren und Kernregionen tatsächlich von den jeweiligen europäischen Kolonialmächten kontrolliert wurden, waren Regionen jenseits dieser Kernregionen lediglich Einflusssphären, in denen europäische Händler, Jäger und andere Grenzgänger mit den ansässigen Bevölkerungen interagierten und gegebenenfalls Vertreter rivalisierender europäischer Mächte abwehrten. Die Gebiete jenseits dieser Einflusssphären waren dagegen beanspruchte, aber keineswegs kontrollierte Territorien.[2] In der Terminologie des So-

---

1 A.T. Bushnell und J.P. Greene, „Peripheries, Centers, and the Construction of Early Modern American Empires: An Introduction", in: C. Daniels und M.V. Kennedy (Hg.), *Negotiated Empires: Centers and Peripheries in the Americas, 1500–1820*, London: Routledge, 2002, S. 1–14, hier S. 2.
2 Ibid.

https://doi.org/10.1515/9783110655476-003

ziologen Edward Shils wirkten die zentralen Wertesysteme in den peripheren Gebieten jenseits der Kernregionen nur in abgeschwächter Form, bis hin zu Fällen relativer Autonomie.[3] Wendet man nun Lotmans Semiosphärenmodell an, so werden die kulturellen (religiösen, sozialen, sprachlichen etc.) Kodierungen der Kernregionen in diesen Gebieten zunehmend irrelevant. Die Beziehungen zwischen kolonialen Zentren und Peripherien stellen sich daher auch weniger als das Aufzwingen zentraler Vorgaben auf die schwachen Peripherien dar, sondern vielmehr als andauernder Verhandlungsprozess zwischen Zentren und Peripherien,[4] dessen Ergebnisse der Historiker Jack Greene als „Negotiated Empires" beschreibt. Diese komplexen und spannungsvollen Beziehungen, innerhalb derer die Peripherien durchaus Handlungsmacht besaßen, lassen sich mit dem Zentrum-Peripherie-Modell, wie es Immanuel Wallerstein in seiner Weltsystemtheorie entwickelt hat, nur unzureichend erklären.[5] Der Geohistoriker D.W. Meinig problematisiert die Begriffe Zentrum und Peripherie zusätzlich, indem er in seiner Darstellung amerikanischer Kontinentalgeschichte zwischen Zentren und Kernen unterscheidet: Erstere bezeichnen die europäischen Zentren auf dem amerikanischen Kontinent mit ihren Institutionen, letztere Hinterland und Hafenstädte, die jenen Zentren zuarbeiten, wohingegen er die räumliche Organisation der Peripherien als höchst differenziertes Gebilde von stark kolonialisierten Gebieten, Hinterland und Indianergebieten mit teilweise eigenen Kernen beschreibt.[6]

---

3 Shils, *Center and Periphery*, S. 123–25.

4 Bushnell und Greene, „Peripheries", S. 6.

5 Wallersteins Modell, das er in seiner vierbändigen Studie *The Modern World System* zur Beschreibung des sich in der Neuzeit entwickelnden kolonialen und merkantilen Weltsystems entwickelte, geht von einer zunehmenden Integration vormals wirtschaftlich und politisch unabhängiger Gesellschaften im Kapitalismus der Neuzeit und von einer internationalen Arbeitsteilung aus. Dabei rechnet er zum Zentrum die ausbeutenden Staaten, zur Semiperipherie diejenigen, die ausbeuten und ausgebeutet werden, und zur Peripherie die ausschließlich Ausgebeuteten. Die USA sind in diesem Modell zunächst ein semiperipherales Land, das schließlich zum Zentrumsstaat aufsteigt.

6 D.W. Meinig, *Atlantic America, 1492–1800*, New Haven: Yale University Press, 1986, S. 258–67.

4 Die Beziehung von Zentrum und Peripherie im Fall der USA

„Die USA – Zentrum oder Peripherie?" fragt ein Kapitel in der 2017 erschienenen *Kulturgeographie der USA*. Die Autoren kommen – wie zu erwarten – zu keiner eindeutigen Entscheidung, betonen jedoch die Relationalität des Verhältnisses zwischen beiden und zwischen den verschiedenen geographischen Ebenen, die in der Verschränkung von Globalität und Lokalität zum Ausdruck kommt. Diese Verschränkung spiegelt sich in der Beziehung zwischen Zentrum und Peripherie: Während die USA unbestritten ein globales Zentrum darstellen, werden sie in der neueren Forschung angesichts ihrer abnehmenden weltpolitischen Rolle auch als „fading empire" beschrieben,[1] wobei die Angreifbarkeit ihrer zentralen Machtposition durch Ereignisse wie 9/11 besonders sichtbar wurde.[2] Der Widerspruch, der sich zwischen der imperialen (Zentrums-)Rolle der USA und ihren historischen Anfängen als peripherer Kolonie des British Empire auftut, ist in den Postcolonial Studies kontrovers diskutiert worden.[3] Die Debatte ging dabei von der durch Ashcroft, Griffith und Tiffin in ihrem Schlüsselwerk *The Empire Writes Back* (1989) vorgenommenen problematischen Klassifizierung der USA als „postkolonial" aus und führte schließlich zu einer Neubewertung im Sinn einer „ambivalent postcoloniality"[4] in Anerkennung der Tatsache, dass „colonized" und „colonizing" keineswegs sich gegenseitig ausschließende Termini sind und die USA vielmehr immer von einer Verflechtung widersprüchlicher imperialer und kolonialer Erfahrungen und Narrative gekennzeichnet waren.

Das Verhältnis zwischen Zentrum und Peripherie der Nation USA war indes seit der Unabhängigkeit von Großbritannien spannungsvoll. Wie sich die Zukunft der dreizehn ehemaligen britischen Kolonien nach der Ablösung vom britischen Zentrum gestalten würde, war zunächst durchaus unklar; insofern stellte die Gründung der USA ein Experiment mit offenem Ausgang dar. Thomas Jeffersons in

---

1 D. Mitchell, „Reflection: American Imperialism", in: U. Gerhard und W. Gamerith (Hg.), *Kulturgeographie der USA: Eine Nation Begreifen*, Berlin: Springer Verlag, 2017, S. 267–71, hier S. 269.
2 B. Däwes, „Ground Zero Fiction: Literarische Erinnerungen an 9/11", in: U. Gerhard und W. Gamerith (Hg.), *Kulturgeographie der USA: Eine Nation Begreifen*, Berlin: Springer Verlag, 2017, S. 281–90; U. Gerhard und W. Gamerith, „Die USA-Zentrum oder Peripherie?", in: U. Gerhard and W. Gamerith (Hg.), *Kulturgeographie der USA: Eine Nation Begreifen*, Berlin: Springer Verlag, 2017, Berlin: Springer Verlag, 2017, S. 249–50, hier S. 249.
3 Vgl. M.J. Schueller und E. Watts (Hg.), *Messy Beginnings: Postcoloniality and Early American Studies*, New Brunswick: Rutgers University Press, 2003.
4 G. Mackenthun, *Fictions of the Black Atlantic in American Foundational Literature*, New York: Routledge, 2004.

https://doi.org/10.1515/9783110655476-004

Abkehr vom Modell des britischen Empire entwickelte Vorstellung eines „empire without peripheries" imaginierte ein dynamisches und expansives, dabei jedoch demokratisches Gebilde ohne zentrale Machtausübung durch eine Metropole.[5] Nach dem Sieg im Unabhängigkeitskrieg von 1783 organisierte sich die junge Nation zunächst als Staatenbund mit einer lockeren Verfassung, d. h. einer Rahmenordnung ohne Exekutive und Bundesgerichtsbarkeit, die sich jedoch bald als ungeeignet erwies, die Regierbarkeit des neuen Gemeinwesens sicherzustellen, zumal einzelne Staatengruppen sehr unterschiedliche Ziele verfolgten.[6] Infolgedessen wurde eine stärkere Nationalregierung gepaart mit weitgehender Selbstregierung der Einzelstaaten etabliert. Dennoch entzogen sich Gebiete weitab von den Zentren des politischen Geschehens häufig staatlicher Kontrolle. Wiewohl die Westexpansion mit ihrer Erfahrung von territorialer Dynamik und Vorantreiben der Eroberungsgrenze, wie sie in der zentralen Raummetapher der Frontier zum Ausdruck kommt, das US-Selbstverständnis entscheidend geprägt hat, entwickelten sich an den Peripherien sehr diverse und teils vom Frontier-Narrativ abweichende Raumvorstellungen, welche die Raum- und Machtrelationen von Zentrum und Peripherie in Frage stellten. Unsere Untersuchungen im SFB 1199 haben gezeigt, wie die historischen Expansions- und Konsolidierungsprozesse des amerikanischen Nationalstaates in der ersten Hälfte des 19. Jahrhunderts zu ganz unterschiedlichen Textualisierungen von Raumvorstellungen darüber führten, wo die ‚Zentren' und ‚Peripherien' der ehemaligen 13 Kolonien und ihrer Expansionsgebiete lagen. Je nachdem, von welchem räumlichen und sozialen Standpunkt die Frage nach den Peripherien beantwortet wurde, konnte diese Antwort sehr differenziert ausfallen: So verstanden sich die auf Tabak- und Baumwollanbau sowie Sklaverei basierenden Ökonomien im Süden weniger als periphere Region der Nation, denn als Zentrum eines bis nach Brasilien und Kuba reichenden „Greater South",[7] während die Handelsverbindungen nach Asien und Russland Siedlungen an der pazifischen Westküste zu Zentren zukunftsgerichteten globalen Handels machte. Anhand peripherer Räume wie der Halbinsel Florida konnten wir zeigen, dass Peripherien – je nach Perspektive und ideologisch geprägter Vorstellung des Autors – als unkontrollierte Zivilisationsgrenze und in ihrer Durchlässigkeit zentrumsgefährdende Membran, oder als letztlich doch

---

5 P.S. Onuf, „‚Empire for Liberty': Center and Peripheries in Postcolonial America" in: C. Daniels and M.V. Kennedy (Hg.), *Negotiated Empires: Centers and Peripheries in the Americas, 1500–1820*, London: Routledge, 2002, S. 301–18, hier S. 310.

6 E. Gellner, *Nations and Nationalism*, Ithaka, Cornell UP, 2006, S. 33.

7 G. Pisarz-Ramirez, S. Wöll und D. Bozkurt, *Spatial Fictions: Imagining (Trans)national Space in the Southern and Western Peripheries of the Nineteenth Century United States*, SFB 1199 Working Paper Series, Leipzig: Leipziger Universitätsverlag, 2018.

inkorporierbarer Teil des Kulturraums repräsentiert werden können.[8] Die imperiale Politik, mit der die USA zur Weltmacht aufstieg, schuf indes neue Peripherien in den Kolonial- und Einflussgebieten in der Karibik, Lateinamerika und Asien.

Kulturell etablierte sich zunächst der amerikanische Nordosten als tonangebendes Zentrum, während der Mittelwesten, Süden und Westen als kulturell peripher galten und erst nach dem Bürgerkrieg als Orte kultureller Produktion in Erscheinung traten. Der Erfolg der Regionalliteratur („Local-Color-Literatur"), die die lokalen und ethnischen Kulturen und Lebensweisen an den Peripherien in den Mittelpunkt rückte, war zum einen dem nach dem Bürgerkrieg vom Norden geförderten Bewusstsein nationaler Einheit und damit neuem Interesse an den Peripherien sowie der neuen Zugänglichkeit der Randgebiete durch das Eisenbahnnetz geschuldet. Dazu kam die melancholische Erkenntnis, dass infolge von Industrialisierung und Massenkultur diverse lokale Traditionen bald verschwinden würden. Wie bereits in der frühen Nationalphase vor dem Bürgerkrieg wurden die Identitätsmodelle und zentralen Narrative des Zentrums in an diesen Peripherien entstandenen Texten hinterfragt, welche häufig die Sichtweisen sozialer, kultureller und ethnischer Minderheiten reflektierten und vielfach einen Blick über die nationalen Grenzen hinaus auf die historischen und kulturellen Verbindungslinien der USA in die Welt eröffneten.

Die geographischen und kulturellen Peripherien spielten auch eine wesentliche Rolle im Zuge der in den 1960er und 70er Jahren einsetzenden kulturellen Selbstermächtigung von ethnischen Minderheiten, insbesondere lateinamerikanischer und asiatischer Herkunft, die mit einem demographischen Wandel infolge massiver Immigrationsbewegungen aus dem lateinamerikanischen und transpazifischen Raum einherging. Die zunächst vor allem im Südwesten und Westen ansässigen Latino- und asiatisch-stämmigen Bevölkerungen trugen durch ihre demographische und diskursive Präsenz entscheidend zu einer kulturellen Neuverräumlichung der USA bei. Innerhalb eines seit den 1990er Jahren andauernden „Transnational Turn" in den American Studies haben neben den Atlantic Studies in jüngerer Zeit vor allem die Hemispheric Studies und die Transpacific Studies die Neuausrichtung eines traditionellen Ost-West-Blickwinkels auf eine Süd-Nord und eine West-Ost-Achse bewirkt, indem sie die Verbindungslinien mit Lateinamerika, der Karibik und Asien sowie dem Pazifik in den Vordergrund rücken und

---

8 G. Pisarz-Ramirez, „Florida as a Hemispheric Space", G. Pisarz-Ramirez und H. Warnecke (Hg.), *Processes of Spatialization in the Americas: Configurations and Narratives*, Interamericana Series, Berlin: Peter Lang, 2018, S. 209 – 247.

die Bezugsrahmen für tradierte historische Narrative und Mythologisierungen in Frage stellen.[9]

Das Forschungsfeld des Critical Regionalism hat die Relationen zwischen Lokalität/Peripherität und Globalität in den letzten Jahren zunehmend in den Mittelpunkt gerückt.[10] Es fokussierte auf die Dialektik von Globalisierungsprozessen und lokalen/regionalen Soziokulturen, wobei neue Sichtweisen auf traditionelle Regionalkonstrukte wie den Mittleren Westen[11] oder den Westen[12] entwickelt wurden. Neil Campbell etwa spricht vom „rhizomatischen" Westen und verweist damit auf die transnationale und globale Dimension einer Region, die sowohl aus den USA selbst als auch von Einwandern immer wieder neu definiert und (im Sinne Deleuze und Guattaris) de- und reterritorialisiert wurde.

Mit Blick auf diese Dialektik bleibt zu fragen, inwieweit heute überhaupt noch sinnvoll von einer geographisch bestimmbaren Peripherie gesprochen werden kann. Die Vorstellung eines kulturell stabilen Zentrums ist in den USA in den letzten Jahrzehnten infolge von Multikulturalität, anhaltender Migration und der massiven Kritik an tradierten nationalen historischen und kulturellen Narrativen zunehmend erodiert. Gleichzeitig erscheint heute gerade vor dem Hintergrund der fortdauernden globalen Migrationsbewegungen (einschließlich der Millionen Menschen ohne Aufenthaltstitel in den USA) der Ort der kulturellen Peripherie ubiquitär. Parallel dazu und in Reaktion auf diese Entwicklung häufen sich diskursive Bedrohungsszenarien, in denen der Erhalt und der Schutz eines vermeintlich homogenen kulturellen Zentrums als Hort von Wertestabilität und kulturell-identitärer Selbstvergewisserung beschworen wird.

---

9 D. Pease und Y. Shu, „Introduction: Transnational American Studies and the Transpacific Imaginary", in: D. Pease und Y. Shu (Hg.), *American Studies as Transnational Practice: Turning toward the Transpacific*, Dartmouth: Dartmouth College Press, 2016, S. 1–35, hier S. 13.

10 D.R. Powell, *Critical Regionalism: Connecting Politics and Culture in the American Landscape*, Chapel Hill: The University of North Carolina Press, 2007.

11 C. Herr, *Critical Regionalism and Cultural Studies*, Gainesville: University Press of Florida, 1996.

12 H. Paul, *The Myths that Made America: An Introduction to American Studies*, Bielefeld: Transcript, 2014.

5 Räumliche Peripherie als diskursives Zentrum: Die amerikanische Frontier

Vor diesem Hintergrund erscheint es ratsam, Peripherie nicht zuerst als funktionales Raumkonzept der Geschichts-, Sozial- oder Wirtschaftswissenschaften, sondern vor allem als diskursiv und kulturell geordneten Verräumlichungsprozess zu betrachten. Eine so entstehende Kulturgeografie der Peripherie wird relevant auch und gerade für die Geisteswissenschaften, die neue analytische Perspektiven und Problemstellungen eröffnen. Als Amerikanisten schwenken wir den Fokus von hermeneutisch-empirischer Regionalgeographie,[1] ökonomischer Marginalität und Kern-Peripherie-Modellen[2] zum Raum der Frontier als einem kulturell-mythologischen Sonderfall der Peripherie, der im Laufe des neunzehnten Jahrhunderts nicht etwa an den Rand, sondern ins Zentrum intellektueller, künstlerischer, und politischer Aktivität rückte.[3] Aus dem Blickwinkel einer konstruktivistischen und interaktionistischen Kultur- und Literaturgeographie kann sodann gefragt werden: Durch welche diskursiven Mechanismen wurden die Mythen der Frontier als zivilisatorische Peripherie sowie charakter- und staatsbildenden Grenzerfahrung zum kreativen Zentrum US-amerikanischer Identität?[4] Inwiefern beeinflusst dieses Verständnis von Peripherie andauernde und neue Debatten in den Bereichen von Wissenschaft, Kultur und Politik? Umgekehrt lässt sich schließlich fragen, wie bisher wenig beachtete „Deperipherisierungsprozesse" ablaufen, welche Peripherie entweder als „authentisches" Werte-Zentrum umdeuten oder etwa den Mythos der weißen und männlichen Frontier zu dekon-

---

1 U. Engel, *Regionalismen: Dialektik des Globalen: Kernbegriffe*, Oldenburg: De Gruyter, 2018; P.R. Krugman, „Increasing Returns and Economic Geography", *Journal of Political Economy*, 99 (1991) 3, S. 483–99; I. Wallerstein, *Das moderne Weltsystem*.

2 H.K. Anheier und M. Juergensmeyer (Hg.), *Encyclopedia of Global Studies*, vol. 3, Sage, 2012; R.E. Park, „Human Migration and the Marginal Man", *American Journal of Sociology*, 33 (1928), 6, S. 881–93.

3 Bereits aus diesem scheinbaren Paradox der Peripherie als diskursivem Zentrum ergeben sich eine Vielzahl bemerkenswerter Anknüpfungspunkte.

4 Zum diskursiven Aspekt von Peripherie verweist u. a. Thilo Lang auf einen Literaturstrang in der Wirtschaftsgeographie, für den „Begriffe wie Peripherie oder Peripherisierung [...] zunächst wertneutral [sind]. Durch die diskursive Verhandlung von Raumkategorien, Raumstrukturen und Raumnutzungen werden Räume und Raumkategorien allerdings normativ aufgeladen. [...] Peripherien bleiben oder werden im gesellschaftlichen Diskurs bedeutungslos, ihre Akteure [...] bleiben in relevanten Entscheidungsprozessen außen vor bzw. finden zu den relevanten Netzwerken keinen Zugang" („Peripherie/Peripherisierung", S. 4). Es bleibt allerdings fraglich, ob solche und ähnliche auf diskursive Marginalität von peripheren Regionen beschränkten Ansätze im nordamerikanischen Kontext bestehen können.

https://doi.org/10.1515/9783110655476-005

struieren suchen. Tatsächlich sind diese und darauf aufbauende Fragen eng verknüpft mit der Thematik des amerikanischen Exzeptionalismus als einem Konzept, das häufig außerhalb (und zunehmend auch innerhalb) der USA Unverständnis hervorruft. Führen etwa aus deutscher Perspektive geographische Determinismen wie „Land of the Free", „God's Own Country" oder die Idee eines raumpsychologischen „Frontier Spirit" häufig zu Verwunderung oder Ablehnung, erscheint eine historisierende Analyse und die Freilegung der diskursiven Wurzeln der US-amerikanischen Wahrnehmung von Raum im Allgemeinen und Peripherie im Besonderen wichtiger denn je. Der Mythos der Peripherie als Frontier wird vor diesem Hintergrund – in seinen kontinental-territorialen wie global-imperialen Erscheinungsformen – zu einem kulturellen Schlüsselkonzept, das nicht etwa mit der nationalen Konsolidierung der USA zum Ende des neunzehnten Jahrhunderts verschwindet,[5] sondern in Form flexibler, dynamischer und skalierbarer Raumvorstellungen fortbesteht, wie ein kurzes Beispiel am Ende dieses Kapitels zeigen soll.

Anders als in Europa und seiner über die Jahrtausende kontinuierlich unter Zurückdrängung der ursprünglichen Natur sukzessive kultivierten Landschaft[6] wurde der amerikanische Doppelkontinent für Europäer zur extremsten der zeitgenössischen Peripherien; nicht bloß als neues Territorium oder neu entdeckte Landmasse, sondern als gänzlich Neue Welt situiert an den äußeren Grenzen sowohl der bekannten Geographie als auch der spätmittelalterlichen Vorstellungskraft. Die Entdeckung Amerikas (bzw. der Karibik) durch Kolumbus und Umsegelung Afrikas durch Vasco da Gama eröffneten aber nicht nur neue

---

5 Frederick Jackson Turner, der Vater der Frontierstudien, trug selbst nicht wenig zu diesem Missverständnis bei, indem er die „Schließung" der Frontier auf den offiziellen Bericht zur Volkszählung 1890 datierte. Dieser Bericht bezieht sich aber lediglich auf den legalen Sonderstatus von peripheren Siedlungsgebieten bzw. dessen Wegfall, nicht aber auf die „amerikanisierende" Funktionen der Frontier, welche nach Turner als gesellschaftliches Erbe und charakterlicher Kern der Vereinigten Staaten fortbestehen.

6 Das Thema der Landschaft wird für einige Autoren der Humangeographie zu einem Kernkonzept der diskursiven Umwandlung von Natur vom Unberührtem bzw. nicht Repräsentierten zum Gegenstand sozialer Praxis: „Custom and culture defined a Land, not physical geographical characteristics – it was a social entity that found physical expression in the area under its law" (K. Olwig, *Landscape, Nature, and the Body Politic: From Britain's Renaissance to America's New World*, U of Wisconsin P, 2002, S. 19; cf. D. Cosgrove, „Landscape and Landschaft", *German Historical Institute Bulletin*, 35 (2004), S. 57–71). Für die kulturelle Aneignung von Territorien im Zuge der Westerweiterung war die Landschaftsmalerei der Hudson River School (Thomas Cole, Albert Bierstadt, Asher Brown Durand; vgl. insbesondere John Gasts „American Progress") von großer Bedeutung. Nach 1945 betonten Vertreter der Myth and Symbol School wie Henry Nash Smith (*Virgin Land*) und Leo Marx (*The Machine in the Garden*) die Einzigartigkeit des Verhältnisses zwischen amerikanischer Natur und Kultur.

Handelsrouten und Siedlungsgebiete, sondern setzten auch entscheidende Impulse für ein erweitertes Verständnis von persönlicher und kultureller Mobilität in der Vorstellungswelt der beginnenden Renaissance. Der Blick in Richtung der neuweltlichen Peripherien war auch durch den Umstand gelenkt, dass viele der traditionellen Handelswege mit dem Fernen Osten nach der Eroberung Konstantinopels durch das Osmanische Reich (1453) abgeschnitten oder mit Zöllen belegt worden waren.

Unter den ersten puritanischen Siedlern an der nordamerikanischen Ostküste dominierte die Vorstellung der Peripherie als teuflische Wildnis, gottverlassenes Niemandsland und *terra nullius*. Diese Raumdoktrin diente sowohl den ökonomischen Interessen als auch der moralischen Rechtfertigung, sich Ressourcen schrittweise anzueignen, für die angeblich kein rechtmäßiger bzw. rechtsfähiger Eigentümer vorhanden war. Damit einher ging John Winthrops Proposition der Neuen Welt als einer leuchtenden „Citty upon a Hill" und damit verbunden die Idee der humanistischen Ausgestaltung der kolonialen Peripherie, welche eine Vorbildfunktion für den Rest der Welt erfüllen sollte („the eies of all people are uppon us").[7] Diese Erhöhung schloss umgekehrt die Erniedrigung der Bewohner jener Peripherie ein, die als „Wilde" und Heiden kategorisiert wurden, was Gleichberechtigung oder gar Vermischung wie in den französischen und spanischen Kolonialgesellschaften ausschloss, sie stigmatisierte und schließlich in Raumvorstellungen gipfelte, die durch religiöse Normen und ethnische Hierarchien strukturiert bzw. separiert waren. Die Metamorphose Nordamerikas von *terra nullius* zur diskursiven Ausgestaltung des Raumes als Objekt kolonialen Handelns geschah in der Praxis natürlich nicht nur in der Vorstellung, sondern durch eine lange Reihe von Auseinandersetzungen mit jenen als minderwertig oder aberrant bewerteten indigenen, französischen, spanischen, mexikanischen und russischen Menschen, mit denen sich euro-amerikanische Siedler an der schrittweise nach Westen vorrückenden Peripherie konfrontiert sahen.[8]

---

7 Zahlreiche Politiker haben Winthrops biblisch inspiriertes Konzept seitdem aufgegriffen, etwa Barrack Obama in einer Rede vor Bostoner Studenten im Jahr 2006: „As the earliest settlers arrived on the shores of Boston and Salem and Plymouth, they dreamed of building a City upon a Hill. And the world watched, waiting to see if this improbable idea called America would succeed. [...] I see students that have come here from over 100 different countries, believing like those first settlers that they too could find a home in this City on a Hill" (B. Obama, „University of Massachusetts at Boston Commencement Address", 2. Juni 2006, obamaspeeches.com/074-University-of-Massachusetts-at-Boston-Commencement-Address-Obama-Speech.htm.).

8 Nach der Unabhängigkeit und Festlegung ihrer Grenzen durch den Frieden von Paris 1783 erfolgte die staatsrechtliche Expansion der USA durch eine Folge von Friedens- und Kaufverträgen: Den Louisiana Purchase 1803, den Adams-Onís-Vertrag 1819 (südliche Grenzen), die Webster-Ashburton-Treaty 1842 (nördliche Grenzen), den Oregon-Kompromiss 1846, die Annexion von

Die Ergebnisse der in diesen Kontaktzonen stattfindenden Verhandlungs-prozesse von „leerem" zu diskursiv ausgestaltetem Raum manifestierten sich im Zuge der Besiedlung und politischen Konsolidierung des westlichen Kontinents seit Beginn des neunzehnten Jahrhunderts. Sie mündeten schließlich in der po-pulären Vorstellung von Nordamerika als Raum, dessen Besiedlung bis hin zum Pazifik zur schicksalhaften Aufgabe und göttlichen Mission der Nation wurde.[9] In seinen Essays „The Significance of the Frontier in American History" (1893) und „The Problem of the West" (1896) präsentierte Frederick Jackson Turner erstmals die einflussreiche These einer charakterformenden historischen Frontier, die das Wesen der ursprünglichen – vornehmlich britisch geprägten – Kolonien der Ostküste von den westlichen Peripherien her reformiert und transformiert hätten. Die Mühen und Herausforderung des Lebens an der Frontier, argumentierte Turner, zwangen Siedler und Immigranten ihre aus der Alten Welt mitgebrachten Bräuche und Anschauungen abzulegen und gänzlich neue, notwendigerweise demokratische, Formen des Zusammenlebens zu entwickeln.[10] Neben dieser transformierenden Funktion gegenüber den weiterhin Richtung England orien-tierten ökonomischen und kulturellen Zentren, fungierte die Frontier laut Turner und anderen aber auch als „Sicherheitsventil" für aufkommende Malthusianische Ängste vor Überbevölkerung in den atlantischen Siedlungszentren wie Boston oder New York.

Das primäre Raumordnungsprinzip der Frontier bleibt jedoch ihre Funktion als Kontakt- und Konfliktzone zwischen neugefundener euroamerikanischer Identität und einem externen, in der Regel feindlichen Anderen.[11] Da die Frontier kein statischer, sondern mobiler Siedlungs-, Wirtschafts- und Ausbeutungsraum war, wurde die semantische Reduktion und Dehumanisierung ihrer angestamm-

---

Texas 1845, den Vertrag von Guadalupe Hidalgo 1848 nach dem Mexikanisch-Amerikanischen Krieg, den Gadsden-Kauf von 1853, den Kauf Alaskas 1867 sowie zuletzt 1959 der Beitritt Hawaiis als 50. Bundesstaat der USA durch Volksabstimmung.

9 Diese Raumvorstellung entspricht der Doktrin von Manifest Destiny, die der Journalist John O'Sullivan 1845 in Worte fasste: „[O]ur manifest destiny [is] to overspread the continent allotted by Providence for the free development of our yearly multiplying millions" (J. O'Sullivan, „Anne-xation", *United States Magazine and Democratic Review* 17 (1845) 1, S. 5–10, hier S. 6.

10 Dieses neue, dezidiert amerikanische Wertegerüst war laut Turner geprägt von „coarseness and strength combined with acuteness and acquisitiveness; that practical, inventive turn of mind, quick to find expedients; that masterful grasp of material things, lacking in the artistic but powerful to effect great ends; that restless, nervous energy; that dominant individualism, working for good and for evil, and withal that buoyancy and exuberance which comes with freedom" (G.B. Tindall und D.E. Shi, *America: A Narrative History*, 7th ed., New York: Norton, 2007, hier S. 740–41).

11 Vgl. Said, *Orientalism*.

ten Bewohner zur notwendigen Bedingung dieser Funktion: Die Ordnung einer gemeinsamen, vornehmlich weißen und männlichen, Vorstellungs- und Erfahrungswelt, die laut Turner aus postkolonialen Subjekten mündige US-Bürger machte. Gänzlich andere Vorstellungen dieser Räume existierten selbstverständlich in indigenen Gemeinschaften, oft tief verwurzelt in animistischen und nomadischen Bräuchen und Weltbildern. Daneben imaginierten katholische spanische und französische Kolonialgesellschaften Nordamerika eher als Handels- und Missionierungsraum und waren weniger an der agrarischen Urbarmachung und aggressiven Erweiterung ihrer oft durchlässigen Grenzgebiete interessiert. Ihre meist exklusiv männliche Zusammensetzung führte zudem zur Vermischung mit der einheimischen Bevölkerung und damit zu einem Austausch an ethnischen Peripherien und neuen Formen von Identität wie den Mestizen im Süden und Métis im Norden – einer Praxis, die in angelsächsischen Gemeinschaften mit ähnlichen Stigmata verbunden war wie sexuelle Beziehungen mit afrikanischen Sklaven. Die Kollision verschiedener Raumvorstellungen in Gebieten wie dem französischen Louisiana oder dem spanischen Südwesten kombiniert mit der Vertreibung und Ausbeutung von Ureinwohnern im Zuge der Westerweiterung[12] stellte eine prägende Phase der Verräumlichung innerhalb der jungen Republik dar, deren widersprüchliches und konfliktreiches Vermächtnis bis in die Gegenwart reicht und die sich unter den Paradigmen von Frontier und Manifest Destiny verdichten. Eine funktionale Definition der Frontier erfolgte hingegen erst mit ihrer „Abschaffung" im offiziellen Bericht zur Volkszählung 1890, demselben Bericht, der Turner zur Abfassung seiner These inspirierte.[13]

Schließlich fragt sich, wie sich dieses Verständnis der Frontier als zugleich peripheres und zentrales raumordnendes Prinzip mit dem heutigen Verständnis von Peripherie in Beziehung setzen lässt. Legt man gängige funktionale Definitionen aus den Bereichen der Geographie, der Sozial- und Politikwissenschaften zu Grunde, so zeigen sich zuerst eine Reihe von Überschneidungen: Räumliche Distanz zu einem entfernt gelegenen (Macht-)Zentrum, geringe Bevölkerungsdichte, schwache Infrastruktur und mangelhafte ökonomische Vernetzung mit Wirtschaftszentren sowie die eingeschränkte Verfügbarkeit von Waren und

---

12 Das prominenteste Beispiel ist der Trail of Tears im Zuge des Indian Removal Act von 1830. Diese zwangsweise Umsiedlung von Menschen aus dem fruchtbaren Siedlungsdelta in Florida in das karge Gebiet des heutigen Oklahomas war auch eine interne Neuordnung von Räumen ins Zentrum (Florida) und nichtweißen Menschen an die Peripherie.

13 Karten im Anhang dieses Dokuments definieren die Frontier als Linie, jenseits der die Bevölkerungsdichte weniger als zwei Bewohner pro Quadratmeile (0.8 Bewohner pro Quadratkilometer) betrug, vgl. https://www.census.gov/history/www/through_the_decades/overview/1890.html.

Dienstleistungen.[14] All diese Faktoren fanden sich an der Frontier des neunzehnten Jahrhunderts, die somit in ihrer intrinsischen Relation als Entwicklungsraum zum Gefüge der stärker entwickelten östlichen Bundesstaaten als peripherer Raum bezeichnet werden kann. Diese räumliche Beziehung stellt allerdings weder ein Alleinstellungsmerkmal dar (das eine gesonderte Semantik der Frontier als eigenständige Raumordnung rechtfertigen würde), noch setzt sie eine statische Positionierung der Frontier an den unscharfen Grenzen eines nationalstaatlichen und nach Osten hin zentrierten Machtbereichs voraus. Tatsächlich war die Frontier nicht bloß strukturschwaches Hinterland oder Provinz im funktionalen Sinne von Peripherie: Sie war ein ideologisch aufgeladener, ethnisch durchmischter, beweglicher sowie sozio-ökonomisch extrem dynamischer Raum. Diese Dynamik wurde durch „booms" und „rushes" (auf Felle, Siedlungs- und Weideland, Edelmetalle und schließlich Öl) befeuert, die immer neue nationale und transnationale Siedlungs- und Mobilitätsschübe auslösten. Zudem war die Frontier geprägt von Organisationsprozessen zwischen ungleichen Räumen, komplexen kulturellen Verhandlungsprozessen sowie teilweise über Jahrhunderte andauernden Konflikten um politische Kontrolle und Zugriff auf Ressourcen.[15] All diese Prozesse gingen einher mit dem Zusammentreffen angelsächsischer Siedler mit Menschen aus indigenen, französischen, britischen, spanischen, mexikanischen, kanadischen und russischen Gemeinschaften auf dem Gebiet des Louisiana Purchase, den texanischen Weidegründen oder den Übersee- und Fellhandelsstützpunkten des pazifischen Nordwestens.

Ab den 1950er Jahren traten Historiker wie Ray Allen Billington und die Mitglieder der von ihm gegründeten Western History Association in die Fußstapfen Turners, indem sie die Frontier als zentralen Bestandteil nationaler Identität festschrieben, genauer kartierten und systematisierten. Die kulturelle Verankerung der Frontier als amerikanischer Gründungsmythos vollzog sich bereits früher vor allem durch das populäre Western Genre und Autoren wie J.F. Cooper (*Lederstrumpf*) und Zane Grey (*Riders of the Purple Sage*), die reale oder fiktionale Heldentaten und epische Quests an der Frontier behandeln, sowie nach 1945 durch die globale Verbreitung von Stereotypen und Tropen über den ame-

---

14 T. Lang, „Peripherie/Peripherisierung", S. 1–2.
15 Vgl. P.N. Limerick, *The Legacy of Conquest: The Unbroken Past of the American West*, New York: Norton, 1987; C.A. Milner, „America Only More So", in: C.A. Milner, A.M. Butler, und D.R. Lewis, *Major Problems in the History of the American West: Documents and Essays*, 2nd ed., Boston: Houghton Mifflin, 1989, S. 33–41; W. Nugent, „Western History, New and Not So New", *OAH Magazine of History* 9 (1994) 1, S. 5–9; R. Slotkin, *The Fatal Environment: The Myth of the Frontier in the Age of Industrialization 1800–1890*, Norman: University of Oklahoma Press, 1998.

rikanischen Westen durch die Kulturindustrie Hollywoods.[16] Diese Dynamiken verdichteten sich schließlich zu einem Raumdiskurs, der paradoxerweise einerseits auf die Überwindung und den Triumph über die Frontier im Zuge der Manifest Destiny, andererseits jedoch auf ihre ideologische Zementierung und Kommerzialisierung abzielt und der mit der Transformation des exzeptionellen Ausnahmezustands an der Peripherie in einen affektiven Normalzustand bzw. dessen fortwährender Simulation andauert.[17] Gegen Ende der 1980er Jahre wurde das Paradigma der Peripherie als diskursives Zentrum der Nation vermehrt zum Gegenstand von Kritik. Eine revisionistische Denkschule, versammelt unter dem Begriff der New Western History und angeführt von Patricia Nelson Limericks *The Legacy of Conquest* (1987) brandmarkte Turners These als erstarrtes und künstlich homogenes Konstrukt, das die tatsächliche Diversität und Komplexität der historischen Frontier im Dienste nationalistischer Ideologie marginalisiert: „The term ‚frontier' is nationalistic and often racist (in essence, the area where white people get scarce) [...] [the West was created by] the convergence of diverse people – women as well as men, Indians, Europeans, Latin Americans, Asians, Afro-Americans [...] with each other and with the natural environment".[18]

Nach dem Bürgerkrieg, einer anschließenden Phase nationaler Rekonstruktion und nachdem 1890 die letzte entscheidende Schlacht an der Frontier im Massaker von Wounded Knee geendet hatte, begann in der US-Politik eine Neuausrichtung hinsichtlich der Peripherie. Der republikanische Falke Henry Cabot Lodge, der bereits für eine militärische Intervention in Venezuela geworben hatte, präsentierte um 1895 eine Weltkarte im Senat und platzierte unter dem Applaus

---

16 Für das tiefere Verständnis dieser Frontier- und Peripherie-Mythen lässt sich auf zahlreiche analytische Konzepte zurückgreifen wie etwa unterbewusste kulturelle Archetypen (C.G. Jung) oder eine latente Gewaltkultur (Richard Slotkin).

17 Zur Thematik der Simulation der Peripherie als kulturellen Mainstream, siehe J. Baudrillard, „Simulacra and Simulation" (in: M. Poster (Hg.), *Selected Writings*, Stanford: Stanford UP, 1988, S. 166–184) sowie Slavoj Žižeks *Welcome to the Desert of the Real!: Five Essays on September 11 and Related Dates* (London: Verso, 2002). Die dort diskutierten postmodernen Dimensionen der Frontier werden mittlerweile zunehmend selbst zum Gegenstand der Popkultur, etwa in der Fernsehserie *Westworld* (2016–).

18 P.N. Limerick, *The Legacy*, S. 85 – 86. In einem der ersten Berichte über die New Western Historians schrieb Richard Bernstein für das *New York Times Magazine*: „For Turner, the existence of the frontier, that steadily receding zone of wilderness being invaded by the forces of civilization, gave America its special character, its rough-and-ready democracy, its stress on adaptability and innovation. The new historians charge Turner with being ethnocentric – of excluding everybody but white males from his account of the West. [...] He and his followers, some critics say, exaggerated the role of the frontier, making it not just an element in the Western story but the story itself" (R. Bernstein, „Unsettling the Old West", *The New York Times Magazine*, 18. März 1990, nytimes.com/1990/03/18/magazine/unsettling-the-old-west.html).

der Anwesenden überall dort Kreuze, wo die USA in Zukunft herrschen sollten, unter anderem auf den Philippinen und Hawaii, das er als „pazifisches Gibraltar" ansah. Tatsächlich führte die kontinentale „Deperipherialisierung" nicht zum Ende des Frontier-Diskurses, sondern im Gegenteil zum embryonisch-nationa-listischen Gründungsmythos über die gleichsam prekäre und idealtypische Ent-stehung singulärer US-amerikanischer Werte an der Peripherie. Diese, so argu-mentierten Turner und seine Nachfolger, hätten sich unter den lebensfeindlichen Bedingungen des Westens, der Überquerung der Rocky Mountains oder in den Goldminen Alaskas gleichsam sozialdarwinistisch herauskristallisiert. Im Rah-men einer neuen imperialen Geopolitik um die Jahrhundertwende waren es eben jene Charakterzüge, die nun ihre Feuerprobe in der internationalen Arena zu bestehen hätten.

In den Bezugsrahmen der Frontier als mythologische Peripherie fallen so-dann nicht nur die territoriale Kolonialisierung als schicksalhafte Mission, son-dern daran anschließend auch der Aufstieg der USA in die Riege der Kolonial-mächte mit der globalen Erweiterung des Frontier-Mythos in den pazifischen und karibischen Raum sowie später nach Zentralamerika. Stand das traditionelle Gebot der Nichteinmischung – exemplifiziert durch John Quincy Adams' Aus-spruch „America does not go abroad in search of monsters to destroy"[19] – bereits während der napoleonischen Kriege sowie in der Reaktion auf bzw. Solidarisie-rung mit lateinamerikanischen Unabhängigkeitsbewegungen auf dem Prüfstand, vollzog sich zum Ende des neunzehnten Jahrhunderts eine ideologische Kehrt-wende. Zuvor stand die Eroberung, „Zivilisierung" und Kontrolle der externen (aber bereits als intern imaginierten) Territorien zwischen den Ozeanen im Vor-dergrund, wobei die Frontier in der Praxis in ihrer ursprünglichen Bedeutung als „frowntere", d.h. als Frontlinie eines angelsächsischen Siedlerkolonialismus fungierte. Mit der „Befriedung" dieser Gebiete, ihrer Gliederung in Bundesstaa-ten, infrastrukturellen Anbindung sowie der politischen Einheit und Industriali-sierung nach dem Bürgerkrieg änderte sich auch das Verständnis von Frontier als Peripherie. Statt individuelle Siedlungspraktiken, meist weitab staatlicher Kon-trolle, im Nachhinein zu legitimieren und unter einem gemeinsamen identitäts-stiftenden Narrativ zu vereinigen, war es nun am erstarkten Nationalstaat selbst, seine globalen Peripherien abzustecken. Der Wegfall der kontinentalen Frontier und ihr gleichzeitiger Aufstieg zur nationalen Ideologie schufen ein Klima, in dem Jingoismus, Spread-Eagleismus, aggressive Männlichkeit und andere überschüs-

---

19 Adams Rede vom 4. Juli 1821 endet mit der Warnung: „She might become the dictatress of the world. She would be no longer the ruler of her own spirit" (W.A. McDougall, *Promised Land, Crusader State: The American Encounter with the World Since 1776*, New York: Houghton Mifflin, 1997, S. 36).

sige Energien in der Form von Imperialismus und der Definition neuer Peripherien gediehen, etwa durch Gewaltandrohung zwecks der Öffnung japanischer und chinesischer Absatzmärkte.

Angepasst an eine veränderliche und immer komplexere geopolitische Situation ging es nicht mehr um Territorialansprüche und letztlich regionale Siedlungspolitik, sondern um die Sicherung von Handelswegen und Einflusssphären in „America's backyard". Tatsächlich bestand wenig Interesse an einer amerikanischen Siedlungspolitik in tropischen Gebieten wie Kuba, den Philippinen oder Guam; jedoch stellten sich hinsichtlich der politischen Kontrolle und Disziplinierung dieser Gebiete und ihrer oft widerspenstigen Bewohner ähnliche Probleme wie bereits während der Eroberung des Kontinents. Zum einen waren die Bestandteile dieser nunmehr globalen ozeanischen Frontier noch schwerer durch staatliche Organe kontrollier- und beherrschbar als etwa der transmontane Westen zu Anfang des neunzehnten Jahrhunderts. Zum anderen war – und ist auch heute wieder mit der Forderung der Trump-Regierung nach einer Verringerung der Kosten für entfernte Militärbasen – der Begründungsaufwand für die Existenz eines quasi-kolonialen globalen Netzwerks enorm. Nicht zu vergessen ist auch der augenscheinliche Widerspruch im imperialen Handeln der USA als einer Nation, deren Gründung und Verfassung gerade in der (gewaltsamen) Befreiung aus Fremdherrschaft begründet liegen. Vor diesem Hintergrund manifestierte sich ab der Jahrhundertwende ein schizophrenes Raumverständnis, das Unabhängigkeitsbewegungen wie diejenige gegen die spanische Kolonialherrschaft in Kuba und den Philippinen mit dem Verweis auf eigene revolutionäre Traditionen unterstützte und damit „amerikanisierte", gleichzeitig aber immer aggressivere realpolitische Züge annahm.

Die Herrschaft über die Philippinen oder Haiti führten letztlich zu ähnlichen Problemen und moralischen Begründungsnotständen, die sich bereits während der Verdrängung und Unterwerfung indigener Gemeinschaften auf dem Kontinent gestellt hatten. Wie während der Westerweiterung waren es vor allem religiös-missionarische (die Konvertierung von Heiden und die Rettung ihrer Seelen), ethnisch-rassische (die vermeintliche Verantwortung der weißen gegenüber anderen Rassen),[20] zivilisatorische (technologischer Fortschritt und Wohlstand) sowie proto-kapitalistische (die „produktive" Nutzung brachliegender Ressourcen) Argumente, welche die rapide Ausweitung der global-kolonialen amerikanischen Peripherie rechtfertigen sollten. Gleichzeitig rückte die historische Frontier umso mehr ins Zentrum imperialistischer Raumdiskurse, als sie in ihrer eigentlichen funktionalen Definition zwar seit 1890 offiziell nicht mehr existierte,

---

20 Vgl. hierzu Rudyard Kiplings einflussreiches Gedicht „The White Man's Burden" (1899).

jedoch in vielerlei Hinsicht bereits zur *raison d'être* privaten und öffentlichen Denkens und Handelns geworden war. Der daraus resultierende „frontier spirit" mitsamt seiner jingoistischen und hyper-maskulinen Dimensionen – exemplifiziert durch den Privatfeldzug von Theodore Roosevelts „rough riders" in Kuba – fand in den überseeischen Kolonien einen Bezugsrahmen, der allerdings nur schwerlich in direkte Kontinuität mit den historischen Peripherien in Louisiana oder Oregon zu bringen war. Geopolitische Komplexität und das enorme Konfliktpotential des europäischen Mächtekonzerts auf dem Höhepunkt des Strebens nach dem sprichwörtlichen „Platz an der Sonne" mündeten schließlich in „gunboat diplomacy" und einer Umdeutung der Monroe Doktrin. Das Netzwerk amerikanischer überseeischer Besitzungen verbleibt bis heute als bruchstückhaftes Gebilde politischer und militärischer Archipele – ein räumliches Konstrukt, das Daniel Immerwahr als „pointillist empire" beschreibt.[21] Nur selten wurden dessen Elemente, wie etwa im Falle Hawaiis, zu gleichgestellten Bestandteilen des kontinentalen „heartlands".[22] Stattdessen bleiben die überseeischen Peripherien in ihrer heutigen Funktion vergleichbar mit den Außenposten und Forts des Alten Westens, dienen sie doch in erster Linie der Sicherung eines militärischen und kulturimperialistischen Machtbereichs. Dies zeigt sich auch in ihrer staatsrechtlichen Definition als sogenannte nichtinkorporierte Territorien, die einerseits der vollen Regierungsgewalt unterstehen, andererseits aber keine gleichberechtigten Mitgliedsstaaten sind, deren Bewohner keine oder nur eingeschränkte Bürgerrechte genießen.[23]

Zusammenfassend lässt sich festhalten, dass die diskursive Dynamik der Frontier in ihrem Doppelstatus als Peripherie und Zentrum weiterhin relevant bleibt, da sie ein flexibles, dynamisches und skalierbares Raumparadigma bietet, das nur oberflächlich an Wirkmächtigkeit verloren hat und in der Politik unter anderen Vorzeichen weiterhin Einfluss ausübt, etwa im Streit um die Sicherung der Grenze zu Mexiko, das als Schwellenland bzw. wirtschaftliche Frontier zu den Staaten in Mittel- und Südamerika angesehen wird. Dieser Einfluss der Frontier besteht trotz (oder gerade wegen) der seit den 1980ern andauernden und kontrovers geführten Debatten, die sich zwischen den Komplexen soziale Gerechtig-

---

21 D. Immerwahr, „The Greater United States: Territory and Empire in U.S. History", *Diplomatic History*, 40 (2016) 3, S. 373–91, hier S. 390.
22 Auch wenn sich Teile dieser Ideologie in der amerikanischen Besatzungspolitik bis heute erhalten haben, wie etwa die (ursprünglich französische) Idee die „hearts and minds" beherrschter Subjekte für sich zu gewinnen, z. B. im Irak und Afghanistan.
23 Zu diesen Außengebieten unter der Hoheitsgewalt der Vereinigten Staaten von Amerika zählen Puerto Rico, Guam, Amerikanisch-Samoa, die Nördlichen Marianen sowie neun meist unbewohnte pazifische Inseln, Inselgruppen und Atolle.

keit, Minderheitsrechte, Ethnizität und Identität bewegen. Der akademische Fokus liegt hierbei allerdings meist auf Gebieten wie den Border Studies oder humangeographischen Räumen wie Gloria Anzaldúas „borderlands". Dennoch bleibt die Frontier entscheidend, um historische Verräumlichungsprozesse verstehen und produktiv besprechen zu können. Während ein neu erwachtes Interesse an Raumformaten und -vorstellungen in Deutschland (vgl. SFB 1199) und Europa die Frontier wieder in kritische Debatten miteinbezieht,[24] lassen sich innerhalb der amerikanischen Geisteswissenschaften seit einigen Jahren auch gegenläufige Entwicklungen beobachten. Hier stellt sich zunehmend die Frage, wie die Frontier-Debatte (die in den USA verständlicherweise mit weniger abstrakter Distanz geführt wird) mit ihren besonders aktuell sehr sensiblen Aspekten wie Nationalismus und Rassismus produktiv weitergeführt werden kann. Einerseits birgt die zunehmende politische Polarisierung an Universitäten und der Gesellschaft im Allgemeinen die Gefahren ideologischer Vereinnahmung und Zensur von als problematisch empfundenen Aspekten des Frontier-Paradigmas. Vermehrt engagieren sich etwa Initiativen für die Entfernung von Denkmälern historischer Frontier-Persönlichkeiten, welche für Gewalt und Siedlerkolonialismus verantwortlich gemacht werden, oft mit der Begründung, durch diese persönlich angegriffen oder traumatisiert zu sein.[25] Ikonoklastische Bestrebungen sind mittlerweile aber auch im akademischen Betrieb anzutreffen, wo sie bestenfalls kontraproduktiv im Hinblick auf eine offen geführte Debatte, schlimmstenfalls jedoch ahistorisch und präsentistisch erscheinen.

Dennoch liegt in solchen radikalen Vereinfachungen sowie der vollständigen Negation eines staatstragenden Frontiermythos eine gewisse Ironie, da sich die zentralen Narrative der beiden politisch entgegengesetzten Lager weiterhin unverblümt der anhaltenden Wirkmacht des Spannungsfeldes zwischen Peripherie und Zentrum bedienen. So ist es zwar möglich, die Grabenbrüche zwischen weitgehend republikanisch-konservativem Binnenland und demokratisch-progressiven Wählerkonzentrationen in Großstädten und urbanen Küstenregionen mit Hilfe ihrer geographischen Verteilung auf rot und blau eingefärbten Karten zu

---

24 E. Altenbernd und A.T. Young, „Introduction: The Significance of the Frontier in an Age of Transnational History", *Settler Colonial Studies*, 4 (2014), S. 127–50; S. Wöll, „Bleeding Borders: Space, Blackness, and Hybridity in Jack London's Representations of the American Southwest", *Amerikastudien / American Studies* 63 (2018) 1, S. 5–28.
25 J. Bidgood et al., „Confederate Monuments Are Coming Down", *The New York Times*, 28. August 2017, nytimes.com/interactive/2017/08/16/us/confederate-monuments-removed.html; J. Kaleem, „First it was Confederate monuments. Now statues offensive to Native Americans are poised to topple across the U.S.", *Los Angeles Times*, 1. April 2018, latimes.com/nation/la-na-native-american-statue-removal-20180401-story.html.

identifizieren; zusätzlichen Erkenntnisgewinn verspricht zudem ein Blick auf die während des letzten Präsidentschaftswahlkampfs propagierten Vorstellungen eines frontierähnlichen, quasi Turnerschen Gefälles zwischen besagten politischen Makroregionen, sowie die abwertenden oder positiven Konnotationen von Peripherie und Zentrum als rhetorisches Mittel. So wurden die Anhänger Donald Trumps von ihren Kontrahenten geographisch wie kulturell regelmäßig an den strukturschwachen Rändern der Nation verortet, deren scheinbar hinterwäldlerischen Bewohnern es durch ihre Distanz zu den urbanen Meinungszentren an Bildung und Aufklärung mangele.[26] Diese Verräumlichung, aufgegriffen von einigen Massenmedien, bediente sich ähnlicher rhetorischer Strategien welche schon Autoren wie J.F. Cooper mit der Frontier verbanden, nämlich einem intellektuellen und zivilisatorischen Gefälle zwischen zwei grundverschiedenen Gruppen sowie dem Zurückbleiben der einen hinter dem Fortschritt und den sittlich-moralischen Geboten der Zeit.[27] Umgekehrt erinnerte die Trumpsche Wahlkampfrhetorik stark an eng mit der Frontier verknüpften Reformations- und Erweckungsbewegungen (Great Awakenings) des neunzehnten Jahrhunderts, indem sie den „wahren Kern" einer authentischeren und demokratischeren Nation heraufbeschwor und in den Industrie- und Landwirtschaftsenklaven von „small town USA" lokalisierte.[28] Diesen peripheren, aber charakterlich zentralen Enklaven wurden die elitären Machtzentren der Metropolregionen als moralische Peripherie entgegengesetzt, deren tiefsitzender Korruption nur durch eine Re-Injektion der in jenem heartland bewahrten konservativen Werte abgeholfen werden könne.[29] Beispiele wie dieses veranschaulichen das komplexe und andauernde imaginative Vermächtnis von Peripherie/Frontier und Zentrum in den Vereinigten Staaten, das nur schwerlich von einzelnen Disziplinen erfassbar ist

---

26 Beispielhaft hierfür steht Hillary Clintons Bezeichnung von republikanischen Wählern als „basket of deplorables" (A.D. Holan, „In Context: Hillary Clinton and the 'basket of deplorables'", *Politifact/Poynter Institute*, 11. September 2016, politifact.com/truth-o-meter/article/2016/sep/11/context-hillary-clinton-basket-deplorables).

27 Im Falle der Ureinwohner wurde deren angebliche Rückständigkeit entweder pseudo-wissenschaftlich genetisch oder aber mit unzureichenden gesellschaftlichen und ökonomischen Praktiken begründet. Demgegenüber wurde den Insassen des „basket of deplorables" meist charakterliche Defizite wie Rassismus oder Sexismus vorgeworfen.

28 Im Bereich der Popkultur sind ähnliche Vorstellung von peripheren Regionen wie dem Mittleren Westen als Konservatorien einer wahren Seele der Nation verknüpft, etwa in der Folk und Country Musik von Woody Guthrie, Bob Dylan und Johnny Cash.

29 Vgl. hierzu Trumps populistische Kommentare zur Korruption der politischen Eliten in Washington D.C. und den Wahlkampf-Slogan „drain the swamp" (T. Widmer, „Draining the Swamp", *The New Yorker*, 19. Januar 2017, newyorker.com/news/news-desk/draining-the-swamp).

und dessen genauere Untersuchung sowohl zahlreiche Herausforderungen als auch Chancen interdisziplinärer Zusammenarbeit bietet.

6 Die kulturelle Produktivität der US-mexikanischen Borderlands

Die verschiedenen Narrativisierungen, welche die südliche Begrenzung der USA im Verlauf ihrer Geschichte erfahren hat, reflektieren die Funktion dieser Grenze in den Diskursen um die Konstituierung nationaler Identität. Peripherien einer Nation sind Orte der Manifestation des Nationalen, an denen sich der National-staat seiner Existenz versichert. Ein Nationalismus ohne Grenzen, die es zu ver-teidigen oder erweitern gilt, ist im Sinne Benedict Andersons, der Nationen be-kanntlich als „imagined communities" beschrieb, nur schwer „imaginierbar".[1] Während jedoch die nördliche Grenze zu Kanada in öffentlichen Debatten selten Erwähnung findet, ist die südliche Peripherie an der Grenze nach Mexiko seit einigen Jahrzehnten eine der diskursiv sichtbarsten Regionen der USA. Gleich-zeitig hat diese Peripherie im Rahmen dessen, was Homi Bhabha als „narrations of the nation"[2] bezeichnet hat, im Lauf ihrer Geschichte eine Reihe von Umdeu-tungsprozessen erfahren, also spezifische „narrations of the border" hervorge-bracht.

Die Grenze zwischen den USA und der damaligen spanischen Kolonie Mexiko wurde erstmalig offiziell 1819 im *Adams-Onís Treaty* festgelegt. Mit dem Vertrag wurde die Grenze zwischen den im Zuge des *Louisiana Purchase* 1803 von Frankreich gekauften Gebieten und dem angrenzenden spanischen Territorium von Texas fixiert. Der Vertrag implizierte darüber hinaus den Kauf Floridas von Spanien. Nach der Unabhängigkeit Mexikos, der Besiedlung der nordmexikani-schen Provinz *Tejas* durch anglo-amerikanische Siedler und dem *Texas-Mexican War* 1836 verschob sich die Grenze weiter nach Süden. Die Expansion der USA nach Südwesten setzte sich mit dem U.S. Mexican War 1846 fort, in dessen Er-gebnis mit dem *Treaty of Guadalupe Hidalgo* mehr als ein Drittel des damaligen mexikanischen Territoriums an die USA fiel. Der *Gadsen Purchase* 1853 stellte die letzte Grenzverschiebung zwischen den USA und Mexiko dar und ergänzte das durch die USA von Mexiko erhaltene Gebiet um weitere 77.000 Quadratkilometer. Bis ins frühe 20. Jahrhundert war die Grenze im sprichwörtlichen Sinn „a line in the sand". Grenzzäune wurden erst während der mexikanischen Revolution er-

---

1 M. Kearney, „Transnationalism in California and Mexico at the End of Empire", in: T.M. Wilson und H. Donnan (Hg.), *Border Identities: Nation and State at International Frontiers*, Cambridge: Cambridge University Press, 1998, S. 117–41, hier S. 120.
2 H.K. Bhabha, „Introduction: Narrating the Nation", in: H.K. Bhabha (Hg.), *Nation and Narra-tion*, New York: Routledge, 1990, S. 1–7, hier S. 1.

https://doi.org/10.1515/9783110655476-006

richtet, als tausende Mexikaner vor der Gewalt der militärischen Konflikte nach Norden flohen.

Die Narrativisierung des Grenzraums erfolgte lange Zeit im Kontext der Frontier, als deren Teil sie aus Sicht der USA die Scheidelinie zwischen Wildnis/ Barbarei und Zivilisation markierte. Dabei standen die Schaffung kohärenter Mythen einer sich als „Nature's Nation" verstehenden Nation – eines nationalen Subjekts (*American Adam*) in einer repräsentativen nationalen Landschaft (*Virgin Land*), verbunden mit einem exemplarischen nationalen Motiv (*Errand into the Wilderness*) – und die Marginalisierung von Bevölkerungen, die als der nationalen Gemeinschaft nicht zugehörig verstanden wurden, in einem unmittelbaren Zusammenhang.[3] Die kulturelle Funktion der Peripherie als Trennlinie zwischen Eigenem und Fremden erschien im amerikanischen nationalen Narrativ in Konstruktionen Mexikos als Raum, der den Idealen von (religiöser, politischer, unternehmerischer) Freiheit, von Demokratie und Ordnung entgegenstand und der stattdessen in verschiedenen Texten mit Rückständigkeit, Anarchie, Despotismus, Ignoranz und Korruption assoziiert wurde. Diese Zuweisungen spiegeln sich in der Populärliteratur in gegensätzlichen Figuren wie dem die Ordnung der Grenzregion sichernden Texas Ranger und seinem Widersacher, dem dunkelhäutigen mexikanischen Banditen – eine Konstellation, die sich bis in die Gegenwart im Gegensatzpaar ‚Border Patrol Agent versus mexikanischer Drogenschmuggler' fortsetzt. Gleichzeitig brachte das Konstrukt eines semibarbarischen, gesetzlosen und korrupten Mexiko, dessen Bevölkerung durch mangelnde moralische Integrität und ungezügelte Leidenschaften gekennzeichnet ist, im 20. Jahrhundert eine zweite Ebene des Mexiko-Diskurses hervor, in dem der Raum jenseits der Grenze als Sinnbild des „Unzivilisierten" zum Projektionsraum jener Eigenschaften wurde, die im Prozess der US-amerikanischen Modernisierung verloren gegangen waren. So zieht sich das eskapistische Motiv der „Flucht nach Mexiko" durch die amerikanische Populärliteratur, in der Mexiko in Genres wie dem Western, dem hard-boiled Kriminalroman oder dem Road Movie in Figuren der sozialen Anarchie und Schrankenlosigkeit erscheint.[4]

Im Zeitalter massiver legaler und illegaler Migration über die mexikanische Grenze finden sich im Grenzdiskurs aus nationaler Sicht zunehmend Bedrohungsszenarien, in denen sich die genannten Repräsentationsmuster des nationalen Diskurses in der Imagination einer mexikanischen „Invasion" über die

---

3 D. Pease, „National Identities, Postmodern Artifacts, and Postnational Narratives", in: D. Pease (Hg.) *National Identities and Post-Americanist Narratives*, Durham: Duke University Press, 1994, S. 4.
4 G. Pisarz-Ramirez, *MexAmerica: Genealogien und Analysen postnationaler Diskurse in der kulturellen Produktion von Chicanos/as*, Heidelberg: Winter, 2005, S. 20 – 24.

Grenze – in Lotmans Diktion des Hereinbrechens kultureller Unordnung – ma-
nifestieren. In Narrativen der Destabilisierung des kulturellen Zentrums verschränkt sich die Beschwörung ökonomischer und ökologischer Gefahren und
krimineller Unterwanderung durch illegale und „parasitäre" Immigranten sowie
durch „Terroristen" mit Vorstellungen einer Bedrohung nationaler Identität und
„amerikanischer Werte", wobei eine Differenzierung nach außen durch die Produktion interner Homogenität ermöglicht wird. Ein Beispiel dafür ist Samuel
Huntingtons Buch *Who Are We?*, in dem die Erosion von „Anglo American core
values" und letztlich das Auseinanderbrechen der Nation infolge des zunehmenden demographischen Gewicht der „Hispanics" prognostiziert wurde, gepaart mit Hinweisen auf eine mexikanische „Reconquista", d. h. einer drohenden
Rückeroberung des Südwestens durch Mexikaner. Parallel dazu ist vor allem seit
2001 eine zunehmende Militarisierung der Grenzregion zur Abwehr von Migration, Drogenschmuggel und „Terrorismus" zu verzeichnen. Diese Textualisierungen reflektieren freilich gleichzeitig die Schwierigkeit der Aufrechterhaltung bi-
närer epistemologischer, kultureller und sozialer Distinktionen zwischen
Eigenem und Fremden an der mexikanischen Grenze, also ihre Durchlässigkeit
und Dynamik in Bezug auf die Destabilisierung normativer Setzungen. In Lotmans Semiosphärenmodell ist der Kontakt mit dem Raum außerhalb der Semiosphäre essentiell für deren Erneuerung und Bereicherung; die Filterfunktion
der Peripherie in Bezug auf kulturelle und sprachliche Elemente des Fremden
trägt sukzessiv zu einer teilweisen Umschmelzung und Transformation des
Codesystems selbst bei.[5] Die nativistischen Bedrohungsszenarien bezüglich des
US-mexikanischen Grenzraums können mithin als symptomatisch für diese Prozesse sowie die Porosität der Grenze betrachtet werden. Einen wesentlichen Anteil
an der Problematisierung des nationalen Diskurses über die Grenze hat die kulturelle und theoriebasierte Produktion der mexikanisch-stämmigen Bevölkerung
in den USA, die den Grenzbegriff mehrfach umdeutete. Bereits in unmittelbarer
Folge des Mexican American War, der die Bevölkerung Nordmexikos von Kolo-
nisatoren zu Kolonisierten machte, entstand eine Texttradition der Grenze, die
den bewaffneten Widerstand der mexikanischen Landbevölkerung gegen die
neue Raumordnung im US-amerikanischen Südwesten dokumentiert. Die Tradition der *Corridos* – Volksballaden, die vom Heroismus einzelner Mexikaner im
Kampf gegen die angloamerikanische Dominanz erzählen – macht mexikanische
vaqueros, Landarbeiter und Kleinbauern zu Helden und bildet einen Gegendiskurs zur Repräsentation von Mexikanern als Banditen und ihrer Stigmatisierung
als die Antagonisten von „law and order", indem sie den immer wieder auf-

---

5 A. Koschorke, „Zur Funktionsweise", S. 31.

flammenden Widerstand einzelner als gerechten Kampf gegen eine unrechtmä-
ßige Landokkupation darstellt. Die Auseinandersetzung mit einem fortgesetzten
Ausgrenzungsdiskurs des amerikanischen Nationalstaats gegenüber dieser Be-
völkerungsgruppe mündete etwa ein Jahrhundert später in einem minoritären
Gegendiskurs mit nationalistischen Zügen, der die Abgrenzungsmuster des anglo-
amerikanischen nationalen Diskurses fortschrieb, dabei jedoch umkehrte. Parallel zu und beeinflusst von anderen sozialen Protestbewegungen in den 1960er
Jahren imaginierte der Kulturnationalismus des Chicano Movement die Mexikaner in den USA als nationale und kulturell homogene Gemeinschaft und verortete
sie im mythischen Raumkonzept Aztlán, einem imaginierten Raum im Südwesten
der USA und dem Norden Mexikos, der die verschiedenen Ideen eines sowohl
historisch-kulturell als auch geographisch bestimmten gemeinsamen Ursprungs
von Azteken und Mexican-Americans bündelte und eine Neuverräumlichung des
Südwestens der USA vornahm. Aztlán verankert die Chicanos in einem die US-
mexikanische Grenze für bedeutungslos erklärenden mesoamerikanischen kul-
turhistorischen Kontinuum, das sowohl eine direkte Abstammung der Chicanos
von den Azteken als auch einen durch diese Abstammung begründeten territorialen Anspruch auf den Südwesten der USA (nunmehr das „northern land"
Mexikos) implizierte. Damit wurde die periphere Grenzregion quasi umgedeutet
und nunmehr zum Zentrum einer imaginierten „Nation of Aztlán" deklariert.

Die Festschreibung einer homogenen kollektiven Identität unter Ausblen-
dung zentraler Differenzkategorien sowie die Nostalgisierung der Geschichte in
den Identitätskonstruktionen des Chicano Movement trugen zu einer Erosion des
Kulturnationalismus und zu neuen Narrativen des Grenzraums ab Mitte der 1970er
Jahre bei, die den Grenzraum zunehmend als Terrain zwischen verschiedenen
Kulturen repräsentierten. Die neue Kategorie der *borderlands* etablierte den
Grenzraum als Ort des Austausches, als Kontaktzone, als Zwischenraum, der die
Relation von „Zentrum" und „Peripherie" ebenso in Frage stellt wie die Prämissen
einer auf Homogenität abhebenden Nationalkultur. 1987 erschien mit Gloria
Anzaldúas *Borderlands/La Frontera* ein Schlüsseltext dieses neuen Diskurses, in
dem der Grenzraum (die *borderlands*) modellhaft als Ort dezentraler, mehrfach
verankerter Identität interkultureller Subjekte beschrieben wird. Dabei erscheint
die US-mexikanische Grenze als produktive Peripherie, von der aus nationale, auf
Linearität und Kohärenz abzielende historische und kulturelle Narrative funda-
mental in Frage gestellt werden. Die Grenze als prototypische interkulturelle
Kontaktzone wurde in den 1990er Jahren Gegenstand eines weitreichenden Ge-
flechts theoretischer Diskurse, welche sich kritisch mit dem Konzept der Nation
auseinandersetzten und in deren Ansätzen sie als dynamische Peripherie der
Nation und als Knotenpunkt transnationaler, transkultureller Verknüpfungen in

den Blick rückte.[6] Die Thematisierung differenzieller, interkultureller Identitäten verband diesen Theoriediskurs mit den „Border Discourses" anderer kultureller Kontaktzonen und Grenzräume innerhalb einer postkolonialen Theoriedebatte, die das Phänomen der Hybridität als produktives Moment diskutierte und kulturelle Autonomie als fiktive Konstruktion offenbarte. Im Hinblick auf einen flexiblen Kulturbegriff, der Beziehungen zwischen Kulturen und ihre wechselseitigen Beeinflussungen einschließt, forderte Annette Kolodny 1992 eine „Wiedereröffnung der Frontier", d. h. eine Neubetrachtung dieses symbolischen Grenzraums nicht aus der Sicht von Entdeckung und Besiedlung, sondern als Ort fortlaufender erster Begegnungen. Sie verwies in diesem Zusammenhang auf die Notwendigkeit der Ablösung einer linearen Literaturgeschichtsschreibung, die Asiaten, Latinos und andere ethnische Gruppen als Randphänomene klassifiziert, durch eine Literaturgeschichte, welche die Komplexität der Beziehungen zwischen den einzelnen Gruppen und deren Reflexion in der Literatur thematisiert.[7] Mit besonderem Augenmerk auf das epistemologiekritische Potential beschrieb Walter Mignolo (1999) den Grenzraum als Ort einer „pluritopischen" Hermeneutik, eines „border thinking" bzw. einer „border gnosis", die in der Abkehr von universalistischen Denktraditionen auf der Pluralität verschiedener (philosophischer und Wissens-)Traditionen und vor allem vieler verschiedener *loci of enunciation* besteht.[8] Die Theoriediskurse zum US-mexikanischen Grenzraum stehen im Kontext einer zunehmenden akademischen Beschäftigung mit den „Grenzräumen" und Kontaktzonen amerikanischer Kultur, parallel zu Anstrengungen das Studium US-amerikanischer Kultur und Literatur als interdisziplinäres und „transkulturelles" Projekt zu betreiben[9] und dabei die interkulturellen Bezie-

---

6 Vgl. etwa H. Calderón and J. Saldívar (Hg.) *Criticism in the Borderlands: Studies in Chicano Literature, Culture, and Ideology*, London: Duke University Press, 1991; H. Herlinghaus, „Epilog: Is ‚Border' ordinary?" in: H. Herlinghaus und U. Riese (Hg.), *Heterotopien der Identität: Literatur in interamerikanischen Kontaktzonen*, Heidelberg: Winter, 1999, S. 277–82; G. Lenz, „Toward a Dialogics of International American Culture Studies: Transnationality, Border Discourses, and Public Culture(s)", *Amerikastudien/American Studies*, 44 (1999) 1, S. 5–23; A. Morales, „Dynamic Identities in Heterotopia", in: J.A. Gurpegui (Hg.), *Alejandro Morales: Fiction Past, Present, Future Perfect*, Tempe: Bilingual Press/Editorial Bilingue, 1996, S. 14–27; J.D. Saldívar, *Border Matters: Remapping American Cultural Studies*, Durham: Duke UP, 1997.
7 A. Kolodny, „Letting Go Our Grand Obsessions: Notes Toward a New Literary History of the American Frontiers", *American Literature*, 64 (1992) 1, S. 1–18, hier S. 13.
8 W.D. Mignolo, *Local Histories/Global Designs: Coloniality, Subaltern Knowledges, and Border Thinking*, Durham: Duke University Press, 1999, S. 11, 95; 115 ff.
9 So fragte Hermann Herlinghaus angesichts der Ubiquität theoretischer Diskurse zum Konzept der Grenze 1999 unter der Überschrift „Is Border Ordinary?" nach der Modellhaftigkeit des Grenzkonzepts und verwies darauf, dass das theoretische Nachdenken über die Grenze im Zu-

hungen zwischen den verschiedenen Regionen des amerikanischen Kontinents in den Fokus zu rücken. Dabei wurde die Grenze auch ästhetisch zum experimentellen Raum, so etwa in den Performance-Projekten des mexikanisch-amerikanischen Künstlers Guillermo Gómez-Peña, der kurzerhand den gesamten amerikanischen Kontinent zur „New World Border" erklärte als einem Raum, in dem „no centers remain".[10] Die „New World Border" ist ein heterotopischer Raum, in dem Gómez-Peña zwischen konventionellen Kategorisierungen Räume wie „Amerindia", „Afro-America" und „Americamestiza-y-mulata", sowie „Hybridamerica" und „Transamerica" erblickt – Konstruktionen, mit denen die von „offiziellen" Klassifizierungen ausgegrenzten Subjekte erfasst werden.

Während um die Jahrtausendwende Leitmedien wie das *Time Magazine* angesichts der vielfältigen ökonomischen und kulturellen Beziehungen zwischen Mexiko und den USA, der massiven Migration über die Grenze und der Verschmelzung angloamerikanischer und lateinamerikanischer Kultur in der Grenzregion bereits das Verschwinden der Grenze zu Mexiko prognostizierten,[11] vollzog sich beginnend mit dem 11. September 2001 ein diskursiver Wandel, infolge dessen die Bedeutung der Grenze als Ort der Trennung des Eigenen vom Fremden verstärkt in den Mittelpunkt rückte. Die zunehmende Militarisierung der Grenze (einschließlich digitalisierter Überwachungsstrategien und der von Donald Trump geplanten Mauer), wurde flankiert von der Strategie einer teilweisen Verlagerung des Migrationsproblems von der nördlichen Grenze Mexikos an die mexikanische Südgrenze zu Guatemala (*Plan Sur*); gleichzeitig wurden Migranten ohne Aufenthaltstitel kriminalisiert. Parallel dazu finden sich auch in der Populärkultur zunehmend Narrative, die den Grenzraum als Ort der Bedrohung, als Kriegsschauplatz oder als abjekten Raum der Gesetzlosigkeit konstruieren. Produktionen wie die *National Geographic* Serie „Border Wars", in der heroische *border agents* einen nahezu aussichtslosen Kampf gegen Drogenschmuggler und illegale Migranten führen und in der US-Städte an der Grenze als von Migranten überflutete „Cities under Siege" beschrieben werden, reaktivieren die bereits im 19. Jahrhundert prominenten Binarismen von Zivilisation und Barbarei, Ordnung und Chaos. Die seit etwa fünfzehn Jahren zunehmend populären, auf die Tradition der Corridos referierenden *narcocorridos*, Schmugglerballaden die Drogenschmuggler und die Gewalt der Drogenkonflikte verherrlichen, zelebrieren die Vorstellung des Grenzraums als gesetzloser Peripherie. Solche Zuschreibungen

---

sammenhang mit Diskursen und Praktiken der Interkulturalität als „Radikalisierung der Humanities historisierbar" ist.

10 G. Gómez-Peña, *The New World Border: Prophesies, Poems & Loqueras for the End of the Century*, San Francisco: City Lights Books, 1996.

11 N. Gibbs, „A Whole New World", *Time*, 11 June 2001, S. 38–45.

reaffirmieren letztlich die Imagination des Grenzraums als Kulturperipherie und Ort der Kontamination durch externe Einflüsse, wie sie den Grenzdiskurs seit 1848 bestimmt haben. Dabei gerät jedoch die transformierende Kraft des Grenzraums als peripherem Raum, in dem nationalstaatlich konstruierte Kulturdistinktionen hinterfragbar und erweitert sowie nationalsymbolisch aufgeladene Diskurse über zu verteidigende Raumgrenzen und damit über selektive Inklusion und Exklusion von Mehrheiten und Minderheiten neu verhandelt werden, aus dem Blick. In einer Zeit, da Los Angeles demographisch die zweitgrößte mexikanische Stadt ist und bis 2030 ein Anstieg der Latino-Bevölkerung auf mehr als ein Fünftel der nationalen Bevölkerung erwartet wird[12] und die demographische Entwicklung der USA von einer mehrheitlich weißen hin zu einer mehrheitlich multiethnischen Gesellschaft nicht aufzuhalten ist, scheint das kulturelle Abgrenzungsprojekt des Staates zunehmend außer Kontrolle zu geraten.[13]

---

12 J. Vespa, D.M. Armstrong, L. Medina, „Demographic Turning Points for the United States: Population Projections for 2020 to 2060", March 2018, United States Census Bureau, www.census.gov/content/dam/Census/.../P25_1144.pdf, S. 7.

13 M. Kearney, „Transnationalism in California and Mexico at the End of Empire", in T.M. Wilson und H. Donnan (Hg.), *Border Identities: Nation and State at International Frontiers*, Cambridge: Cambridge University Press, 1998, S. 117–41, hier S. 134.

7 Zusammenfassung

Peripherien und periphere Räume sind in den letzten Jahren in vielen Disziplinen Gegenstand von akademischen Diskussionen geworden. In unserer Darstellung haben wir Peripherien und periphere Räume vorrangig aus kulturwissenschaftlicher Sicht beleuchtet und dabei vor allem historische und kulturelle Raumordnungsprozesse in Bezug auf die Amerikas und insbesondere die USA in den Blick genommen. Aus amerikanistischer Perspektive spielen diese Raumordnungsprozesse, die wir beispielhaft anhand der Konzepte der Frontier und der Borderlands erörtert haben, eine zentrale Rolle in der geographischen Imagination der USA. Anhand dieser Konzepte und der theoretischen Diskurse um Peripherien und ihre kulturelle Produktivität haben wir einerseits gezeigt, wie Peripherien als „Kulturgrenzen" wirken können, die – im Sinne Lotmans – als Stabilisatoren einer Kultur fungieren und deren Selbstdefinition sowie die Herausbildung und fortgesetzte Stabilität nationaler Identität erst ermöglichen. Andererseits sind Peripherien aber keineswegs lediglich Räume der Ab- und Ausgrenzung, sondern auch Zonen andauernden Kontakts zwischen politischen, ökonomischen und kulturellen Systemen. Sie wirken daher als Membran und differenziell durchlässige Räume, welche die Zirkulation von Waren, Menschen, Ideen und kulturellen Praktiken zwischen formell abgegrenzten Systemen ermöglichen. Insofern markierten und markieren die Peripherien der USA auch immer eine Verbindung mit angrenzenden Kulturen und, besonders an ihren südlichen Grenzregionen, mit dem globalen Süden.

Während die Bedeutung von Peripherien und Grenzräumen in der Amerikanistik seit längerem innerhalb der Postcolonial Studies, der Border Studies, des Critical Regionalism und anderer Forschungsfelder diskutiert wird, tritt seit einigen Jahren das Feld der komparativen *global border studies* hinzu, das die Grenzen der USA zu anderen Grenzregionen (wie der zwischen Israel und Palästina oder auch Grenzen innerhalb Europas) in Beziehung setzt und die Diskussion über die amerikanischen Peripherien im Kontext von Globalisierungsprozessen verortet.[1] Dabei geraten nicht nur die jeweiligen Grenzen, sondern auch die entsprechenden Strategien des „making, unmaking, crossing, and fortifica-

---

1 Vgl. C. Sadowski-Smith, „Introduction: Comparative Border Studies", *Comparative American Studies*, 9 (2011) 4, S. 273–87; C. Sadowski-Smith, „The Centrality of the Canada-US Border for Hemispheric Studies of the Americas", *FIAR: Forum for Inter-American Research*, 7 (2014) 3, S. 20–40.

https://doi.org/10.1515/9783110655476-007

tion of borders"[2] sowie Technologien und Strategien der Eingrenzung, Exklusion, polizeilichen Überwachung sowie der globalen Terrorismusbekämpfung in den Blickpunkt. Beide Prozesse – Durchlässigkeit und Abgrenzung, *debordering und rebordering* – verweisen schließlich auf die komplexe Natur des Verhältnisses zwischen Peripherie und Zentrum. Die vorliegende kursorische Untersuchung dieser Dynamiken unterstreicht die anhaltende Relevanz akademischer Diskussionen im Hinblick auf Peripherien und peripheren Räume und ihrer kulturellen Produktivität. Das Spannungsfeld zwischen Peripherie und Zentrum bleibt sodann auch künftig ein wichtiger Bestandteil für die Analyse und das Verständnis kultureller Raumvorstellungen im Kontext globaler Raumordnungsprozesse.

---

2 „Mission: Comparative Border Studies. Rights, Containment, Protests", UC Davis, Humanities Institute, http://borderstudies.ucdavis.edu/about/mission/.